essentials liefern aktuelles Wissen in konzentrierter Form. Die Essenz dessen, worauf es als „State-of-the-Art" in der gegenwärtigen Fachdiskussion oder in der Praxis ankommt. *essentials* informieren schnell, unkompliziert und verständlich

- als Einführung in ein aktuelles Thema aus Ihrem Fachgebiet
- als Einstieg in ein für Sie noch unbekanntes Themenfeld
- als Einblick, um zum Thema mitreden zu können

Die Bücher in elektronischer und gedruckter Form bringen das Expertenwissen von Springer-Fachautoren kompakt zur Darstellung. Sie sind besonders für die Nutzung als eBook auf Tablet-PCs, eBook-Readern und Smartphones geeignet. *essentials:* Wissensbausteine aus den Wirtschafts-, Sozial- und Geisteswissenschaften, aus Technik und Naturwissenschaften sowie aus Medizin, Psychologie und Gesundheitsberufen. Von renommierten Autoren aller Springer-Verlagsmarken.

Weitere Bände in der Reihe http://www.springer.com/series/13088

Falk Wurster · Karsten Dallmeyer

GmbH-Gründung für Ingenieure und Softwareentwickler

Ein Styleguide zur Selbstständigkeit

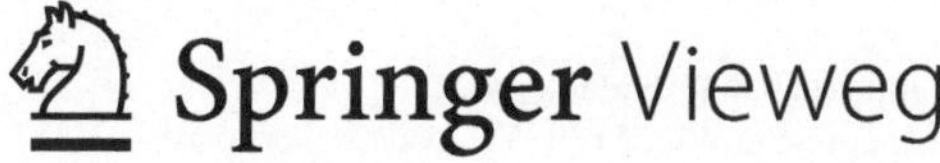

Falk Wurster
Tangstedt, Deutschland

Karsten Dallmeyer
Tangstedt, Deutschland

ISSN 2197-6708 ISSN 2197-6716 (electronic)
essentials
ISBN 978-3-658-19344-7 ISBN 978-3-658-19345-4 (eBook)
DOI 10.1007/978-3-658-19345-4

Die Deutsche Nationalbibliothek verzeichnet diese Publikation in der Deutschen Nationalbibliografie; detaillierte bibliografische Daten sind im Internet über http://dnb.d-nb.de abrufbar.

Springer Vieweg

Gedruckt auf säurefreiem und chlorfrei gebleichtem Papier

Springer Vieweg ist Teil von Springer Nature
Die eingetragene Gesellschaft ist Springer Fachmedien Wiesbaden GmbH
Die Anschrift der Gesellschaft ist: Abraham-Lincoln-Str. 46, 65189 Wiesbaden, Germany

Was Sie in diesem *essential* finden können

- Wichtige Schritte auf dem Weg zur Selbstständigkeit
- Eckpunkte zur Planung und Vorbereitung der Existenzgründung
- Tipps und Informationen zur Vermeidung von Stolpersteinen
- Allianzen und strategische Partner zur Stärkung des Unternehmens

Vorwort

Selbstständigkeit – Sie stehen am Anfang eines langen Weges, vielleicht sogar noch einen Schritt davor. Vor Ihnen ein erster, noch schwer einzuschätzender Berg von Aufgaben: die Gründung. Teilen Sie sich Ihre Kräfte ein. Der Pfad zum Gipfel ist gut beschildert und wurde bereits von vielen Selbstständigen erfolgreich begangen. Aber Hindernisse und individuelle Routenanpassungen sind die Regel, nicht die Ausnahme. Sehen Sie den Weg als Entwicklungsprojekt, welches Ihnen neben ausreichend eigener Kondition auch hervorragende Planung, geeignetes Rüstzeug und Tüchtigkeit (Glück) abverlangt.

Lassen Sie Ihre Selbstzweifel bezüglich Ihrer zukünftigen Produkte oder fachlichen Kompetenz am Ausgangspunkt zurück. Sie haben den Weg der Selbstständigkeit gefunden und das Projekt hoffentlich bewusst begonnen – ein Indikator dafür, dass Sie sich zielgerichtet, eigenverantwortlich und erfolgsorientiert fortbewegen wollen. Richten Sie Ihren Fokus stattdessen von Anfang an auf Skills, welche für die Selbstständigkeit benötigt werden, aber nicht Ihrer Kernkompetenz entsprechen. Erarbeiten Sie Mechanismen, um fehlende Skills zu kompensieren oder suchen Sie sich Weggefährten mit entsprechenden Fähigkeiten. Setzen Sie Wegmarken, bei welchen Sie und Ihr Team kurz innehalten können, um das bisher Erreichte zu reflektieren und die nächste Etappe zu besprechen. Reflexion und Vorausplanung sind wichtig. Aber in Ruhe und nicht mitten in einem Sprint beziehungsweise in der metaphorischen Steilwand, wo jedes Teammitglied sich tunlichst auf den Moment und den nächsten Schritt konzentrieren sollte.

Geld – Ihr Treibstoff, Ihre Luft zum Atmen – Ihr Mittel, Dinge in Bewegung zu setzen. Vermutlich ist Geld auch eines Ihrer Motive, sich selbstständig zu machen. Prima! Ein objektiv zu prüfender und zu überwachender Beweggrund. Seien Sie deshalb gerade in diesem Punkt stets transparent und ehrlich zu sich selbst. Beobachten und bewerten Sie Ihren Prozess. Erkennen Sie Ihre Wertschöpfung. Planen Sie großzügige Puffer ein und begeben Sie sich in keine monetäre Abhängigkeit. Handeln Sie umgehend, wenn ein Unwetter aufzieht. Schönreden hat schon manchen Selbstständigen nicht nur Hab und Gut, sondern auch die Gesundheit gekostet. Erarbeiten Sie deshalb frühzeitig ein Zahlenwerk, welches Ihre aktuellen Angestellteneinkünfte mit den geplanten Mehreinnahmen und Risiken zukünftiger Selbstständigkeit vergleichend gegenüberstellt. Werden die avisierten Einnahmen im laufenden Betrieb dann nicht realisiert, ziehen Sie die Reißleine, bevor Ihre Reserven erschöpft sind. Denn lieber mit einem blauen Auge zurück in die Festanstellung, als mittellos auf dem langen Weg der Selbstständigkeit stecken bleiben. Vergessen Sie hier auch nicht Ihre Alterssicherung zu planen!

Inhaltsverzeichnis

1 Vorbereitungen zur Existenzgründung

1.1 It depends – situationsabhängig entscheiden

Welche Faktoren führen zum Erfolg? Welche Form ist die Richtige? Welche Werkzeuge sind geeignet? Auf übliche Fragen dieser Art antworten wir sowohl in der Softwarearchitektur als auch in diesem Styleguide unabdingbar mit unserem Motto: „Es kommt darauf an – it depends!"

Dieses Mantra soll hierbei keinesfalls als ausweichende Quittung zu einer spezifischen Anfrage missverstanden werden. Vielmehr soll das Motto den Fragenden dazu anregen, über seine Zielsetzung zu reflektieren und den für ihn richtigen Ansatz aus einem Pool von Möglichkeiten zu wählen.

Analog zur Auswahl einer Basisarchitektur in der Softwareentwicklung muss sich der Gründer oder das Gründerteam in der frühen Projektphase bekanntermaßen für eine Gesellschaftsform entscheiden. Das deutsche Recht bietet hierzu unterschiedliche Templates für Personengesellschaften, Kapitalgesellschaften und Körperschaften an. Diese Rechtsformen unterscheiden sich hinsichtlich Haftung, eingesetztem Grundkapital und Unternehmensorganisation.

Ist die Anforderung an die Unternehmung unterspezifiziert oder die Informationsbasis defizitär, kann die freie Auswahl der Rechtsform bereits erster Stolperstein auf dem Weg zur Selbstständigkeit werden. Genauso, wie es dem Entwickler freisteht, beispielsweise ein komplexes Framework zur Realisierung einer trivialen Applikation zu wählen, kann der angehende Einzelunternehmer seinen Handyshop auch als Aktiengesellschaft gründen. Ob sich die gewählte Architektur beziehungsweise Rechtsform dann eignet und skaliert, zeigt sich regelmäßig aber erst im späteren Projektverlauf.

F. Wurster und K. Dallmeyer, *GmbH-Gründung für Ingenieure und Softwareentwickler,* essentials, DOI 10.1007/978-3-658-19345-4_1

▶ **Styleguide** Folgt ein Entschluss der Reue, hilft alles Jammern nichts. Als oberster Grundsatz des Styleguides gilt deshalb: Selbstständige sind für ihr Handeln selbst verantwortlich und haften für ihr Wirken!

1.2 Kick off – frage Experten, vertraue dem eigenem Geschick

Um Überraschungen beim Projektstart zu vermeiden, empfiehlt sich zunächst eine Grundlagenschulung in Form eines kostengünstigen Gründerseminars.

Das Gründerseminar sollte die erste Pflichtveranstaltung für jeden Selbstständigen in spe sein, da dieses die autodidaktische Vorbereitung zielgerichtet ergänzt. Wertvoll sind in diesem Seminar nicht nur Updates zum theoretischen Basiswissen, sondern auch die Reflexion der eigenen Vorstellungen und Pläne in einer kritischen Gruppe Gleichgesinnter. Abb. 1.1 zeigt eine Sammlung von Beweggründen der Gruppe, welche mit unseren Motiven zur Selbstständigkeit übereinstimmen.

Praktische Übungen zum Coaching von Selbstständigkeit und Verantwortung, nützliche Tipps zur Vermeidung von organisatorischen Fallen und erstes Networking mit anderen Gründern runden die Veranstaltung ab. Weiterhin erhält der erfolgreiche Seminarteilnehmer ein Zertifikat, welches die eigenen Fähigkeitsnachweise ergänzt und für spätere Förderanträge nützlich ist.

▶ **Tipp** Finanzielle Aufwendungen für diese erste Veranstaltung (z. B. Seminarkosten, Reisekosten, Bewirtung etc.) können Sie bereits als Vorgründungskosten verbuchen und damit steuerlich geltend machen.

Abb. 1.1 Motivation für die Selbstständigkeit. (Vikings Software GmbH)

Sie sollten deshalb fortan immer alle Rechnungsbelege aufbewahren. Erfragen Sie im Vorfeld, ob das Gründerseminar in Ihrer Region bezuschusst oder gefördert wird.

Aufbauend auf das Gründerseminar bieten die erfahrenen Trainer üblicherweise weitere Dienstleistungen für die angehenden Selbstständigen an. Hilfreich und ebenfalls bezuschusst sind zum Beispiel das Mentoring der Businessplanerstellung, Beratungsleistungen für das junge Unternehmen und die Unterstützung bei der Beantragung von Fördermitteln.

Darüber hinaus verfügen die Trainer über ein breites Netzwerk an externen Dienstleistern, deren Portfolio alle Bedürfnisse von Jungunternehmern abdeckt. Charmant sind hier Kontakte zu Start-ups, deren Inhaber selbst vor nicht allzu langer Zeit das Gründerseminar besuchten und über persönliche Erfahrungen aus dem Nähkästchen plaudern können.

Wie bei einer Projektierung ist die Nutzung vorhandener Methoden aber stets als zweischneidiges Schwert anzusehen und jedes Mal erneut zu hinterfragen. Vorhandene Methoden sind einerseits getestet und bewährt, andererseits passen sie aber nicht immer zum aktuellen Usecase oder den eigenen Ressourcen. Ähnlich sind die Beratungen, Kontakte und Netzwerke der Gründerseminar-Trainer zu bewerten. Komfortabel, getestet und oft angewendet, jedoch mitunter nicht 100 % das, was tatsächlich benötigt wird.

▶ **Styleguide** Selbstständige müssen sich über ihre Zielsetzung und den aktuellen Bedarf zu jeder Zeit im Klaren sein. Nicht jeder Berater ist automatisch „Trusted Advisor".

Ein Trusted Advisor ist eine Vertrauensperson, welche stets im Interesse des Mandanten berät und handelt. Zur Unterstützung einer objektiven Entscheidungsfindung spricht der Trusted Advisor immer die Wahrheit aus, auch wenn diese unangenehm ist.

▶ **Tipp** Bewerten Sie die aufgenommenen Ratschläge und reflektieren Sie sie für Ihre Planung. Achten Sie darauf, keine ausgetretenen Pfade zu beschreiten, wenn diese von Ihrem Weg beziehungsweise von Ihrer Zielsetzung abweichen. Vergleichen Sie Kontakte aus dem Gründer-Netzwerk mit anderen Anbietern des freien Marktes. Wählen Sie Ihre zukünftigen Lieferanten sorgfältig und mit Bedacht. Stimmen Sie Ihr Kaufverhalten auf den tatsächlichen Bedarf ab und kaufen Sie erst, wenn Sie selbst davon überzeugt sind, dass die zugekaufte Leistung Ihren Bedarf (auch zukünftig) voll erfüllt und der Preis angemessen ist. Behalten Sie Ihren Budgetplan vor Augen und im Hinterkopf, dass Ihr Gegenüber sich einer Sache wohl bewusst ist: Am Anfang eines Projektes werden Stücke vom sprichwörtlichen Kuchen verteilt, später nur noch Krümel.

1.3 Framework design – das geeignete Architekturkonzept

Um dies gleich vorweg zu nehmen: Unsere Unternehmung als Gesellschaft mit beschränkter Haftung (GmbH) und nicht etwa als Gesellschaft bürgerlichen Rechts (GbR) oder Ingenieurbüro zu firmieren war ein vielschichtiger Entscheidungsprozess. Diesen konnten wir allerdings kurz nach dem Gründerseminar abschließen. Ausschlaggebend hierfür waren weniger die vielen Meinungen, Ratschläge und Diskussionen im Seminar, sondern vielmehr eine Umfrage bei erfolgreichen Unternehmern im Bekanntenkreis.

Das Ergebnis unserer Umfrage ist, dass die GmbH als Organisationsform – dem Tenor nach aufgrund der Einstiegshürden – als respektabel und seriös bewertet wird.

Für Ingenieure eine nicht leicht zu verdauende Kost, weist doch die Bezeichnung der Rechtsform bereits auf die Grenze der Haftung hin. Mit Logik ist dem unternehmerischen Bauchgefühl hier aber nicht beizukommen, weshalb Gründer stets sondierend die Anforderungen des Marktes im Blick behalten und ihre Planungen auf die Bedürfnisse der Kunden ausrichten sollten.

▶ **Styleguide** Selbstständige richten ihre Ziele und ihr Handeln auf den Markt und die Kundenbedürfnisse aus.

Im Gegensatz zur Einzelunternehmung oder GbR ist die GmbH aber keine leichtgewichtige Architektur. Entsprechend gehoben sind, die anfänglichen Formalitäten und Kosten für die Gründung.

Erfahrungsgemäß wirken die Formalitäten anfänglich abschreckend, unter anderem natürlich aufgrund der zu erbringenden Stammkapitaleinlage von 25.000 €. Auf den zweiten Blick relativiert sich die Höhe dieser Summe allerdings deutlich, da zur Gründung lediglich eine Mindesteinzahlung von 50 %, also 12.500 € Stammeinlage erforderlich ist. Diese Mindesteinzahlung kann wiederum von sämtlichen Gründungsmitgliedern gemeinsam aufgebracht werden. Besteht das Gründerteam wie in unserem Fall aus zwei Personen mit gleichem Anteil, halbiert sich das erforderliche Startkapital somit auf überschaubare 6250 € pro Person beziehungsweise pro Gesellschafter.

▶ **Tipp** Die Stammeinlage darf nach Gründung beispielsweise zur Anschaffungen von Geschäftseinrichtungen, Arbeitsmitteln, Maschinen, Firmenwagen etc. genutzt werden. Verboten ist jedoch, dass sich die Gesellschafter nach Gründung selbst am Gesellschaftsvermögen bedienen (Stichwort: Grundsatz der Kapitalerhaltung).

Aber Vorsicht: Solange das Stammkapital nicht vollständig eingezahlt oder unterdeckt ist, haften je nach Konstellation und Vorgeschichte die Geschäftsführer und die Gesellschafter. Neben der persönlichen Haftung für den eigenen Anteil kann auch eine Solidarhaftung für die Anteile der Mitgesellschafter eintreten.

Diverse Internetforen suggerieren gerade die Haftungsbeschränkung als entscheidenden Wert der GmbH – schnell gilt bei unvollständig erbrachter Stammeinlage, bei Unterdeckung oder bei Betätigung als Geschäftsführer allerdings wieder der bereits im ersten Abschnitt ausgeführte oberste Grundsatz des Styleguides hinsichtlich Verantwortung und (Privat-)Haftung – *Selbstständige sind für ihr Handeln selbst verantwortlich und haften für ihr Wirken!*

Wie die Nutzung eines größeren Software-Frameworks bedürfen auch die Formalitäten der GmbH-Gründung einer adäquaten Einarbeitung. So sind die dazu erforderlichen Hard- und Soft-Skills bereits in der Planungsphase anspruchsvoll. Laut KfW-Gründermonitor beträgt die durchschnittliche Vorbereitungszeit von der Idee bis zum Betriebsstart einer GmbH drei bis sieben Monate [1].

Ideenfindung, Konzeption, Recherchen, Seminare, Firmenbenennung, Infrastruktur, Markenschutz, Produktentwicklung, Homepage, Umfragen, Corporate Identity (CI), Logodesign, Businessplan und Behördengänge füllen diesen Zeitraum erfahrungsgemäß tatsächlich voll aus, wie der Zeitstrahl in Abb. 1.2 verdeutlicht.

Aber eine GmbH wird nicht an einem Tag erbaut, genau so wenig wie eine umfangreiche Rahmenarchitektur in einem Schritt ausprogrammiert und mit Funktionen gefüllt wird. Vielmehr ist es sinnvoll, Checklisten aus Literatur und Internet [2] Schritt für Schritt abzuarbeiten.

Anfänglich stolpert man in diesen Listen über Punkte, welche in der frühen Projektphase noch nicht greifbar sind. Diese in der Regel fachfremden organisatorischen Aufgabenblöcke, wie beispielsweise Personalplanung, Firmenkonto, Buchhaltung etc., sind aber nicht nur für die spätere Gründung wichtig, sondern

Abb. 1.2 Übersicht Aufgaben GmbH-Gründung. (Vikings Software GmbH)

dienen auch als Indikatoren dafür, wie skalierbar und flexibel die Rahmenarchitektur ausgelegt werden muss. Hierbei ist zu beachten, dass die Punkte untereinander auch Abhängigkeiten haben können.

Ein guter Ansatz für die Abarbeitung der Checklisten ist es deshalb, die zunächst nicht greifbaren Punkte als Blackbox mit einer Minimal-Maximal-Abschätzung, einen Zeitplan und Reviews in die Abarbeitung mit aufzunehmen. Hierdurch ergibt sich schnell eine belastbare Übersicht des zukünftigen Gesamtwerks. Ziel ist es, keine Punkte zu vergessen oder auf die lange Bank zu schieben, sondern diese kontinuierlich abzuarbeiten beziehungsweise zu überarbeiten. Strategische Punkte werden mit der notwendigen Konzeptreife im Kerndokument Businessplan zusammengefasst.

▶ **Styleguide** Die in der Softwareentwicklung angesagte Vorgehensweise des Agile Developments ist für die Projektierung der GmbH-Gründung nur bedingt geeignet.

Im Vorfeld vergessene oder nicht ausreichend beleuchtete Punkte können sich im späteren Projektverlauf beziehungsweise im Produktivbetrieb als Show-Stopper erweisen.

Der Fokus liegt bei der GmbH-Gründung deshalb auf der Konzeption und Vorbereitung, sodass im laufenden Betrieb nur noch kleinere Anpassungen erforderlich sind.

1.4 Specifications – Vorgaben definieren und verfolgen

Der Businessplan ist essenziell und der schriftliche Leitfaden des Gründungsprojektes. In diesem von den Existenzgründern ausgearbeiteten Dokument werden Konzepte und Zielsetzungen der neuen Firmierung festgehalten, sowie die Methoden zur Umsetzung beschrieben – es handelt sich sozusagen um das Pflichtenheft der Gründer.

Da der Businessplan zur Beantragung von Leistungen zum Beispiel bei Banken und Behörden vorgelegt werden muss, sollte die Ausarbeitung detailliert, vollständig und gewissenhaft umgesetzt sein. Es dürfen keine konzeptionellen Lücken offen gelassen werden. In erster Linie sollte der Businessplan allerdings nicht als Pflichtdokument für Dritte, sondern zur Reflexion der eigenen Vorgehensweise erstellt werden. Wichtig hierfür ist auch, das Dokument von mehreren Lektoren im Bekanntenkreis prüfen zu lassen.

▶ **Styleguide** Ist das niedergeschriebene Konzept in Form eines Businessplans für Dritte ebenfalls verständlich und schlüssig, kann die Projektierung erfahrungsgemäß mit hoher Wahrscheinlichkeit erfolgreich umgesetzt werden.

▶ **Tipp** Beschreiben Sie Ihr Konzept im Businessplan vollständig. Nutzen Sie den Businessplan zur Validierung Ihres Konzeptes und später zur Überwachung der gesetzten Vorgaben.

Ein Gründercoach betreut und berät bei der Ausarbeitung des Businessplans, Erstellung der Finanzplanung, Beantragung von Förderungen und Klärung von organisatorischen Fragen. Die Existenzgründerberatung wird in Deutschland mit bis zu 80 % der Netto-Beratungskosten bezuschusst [3].

Auch das frühe Hinzuziehen eines Steuerberaters zur Freizeichnung der Finanzplanung sowie eines Rechtsanwalts zur Erarbeitung des Gesellschaftervertrages, dem gesetzlich vorgeschriebenen Pflichtdokument zur Spezifikation der GmbH-internen Regularien, ist vorteilhaft. Die Instanzen Rechtsanwalt und Steuerberater unterstützen den Ablauf nicht nur tatkräftig, sondern bilden erfahrungsgemäß auch effektive Quality Gates im Entwicklungsprozess (mehr in Abschn. 1.4).

Gleichermaßen zahlreich wie Templates von Drittanbietern, finden sich im Internet Muster für Businesspläne, Gesellschafterverträge und Checklisten für deren Erstellung [4]. Diese Vorlagen sind allerdings nur grob strukturiert und nicht auf die individuellen Bedürfnisse der neuen Gesellschaft zugeschnitten.

Bei erwähnten Mustern für Gesellschafterverträge fehlen meist Bestandteile, wie beispielsweise zur Regelung von Gesellschafteraustritt oder Erbfall. Diese Passagen sind aber ebenso notwendig, wie das spezifische Exception Handling im Quellcode. Üblicherweise sind Gründer vom Erfolg ihrer Unternehmung anfänglich allerdings genauso überzeugt wie junge Softwareentwickler von der Fehlerfreiheit ihres Quellcodes. Dies ist vermutlich auch der Grund dafür, dass der unterstützende Rechtsanwalt von einigen Fallbeispielen berichten kann, bei denen spätere Ergänzungen im Gesellschaftervertrag mit erheblichem Mehraufwand und nicht immer ohne Streit nachgetragen werden mussten.

▶ **Tipp** Falls Sie zum Zweck der Kostenersparnis erwägen, Ihren Gesellschaftervertrag selbst anzufertigen, so sei an dieser Stelle mit erhobenem Zeigefinger wieder auf den obersten Grundsatz des Styleguides verwiesen. Für unvollständige oder inkonsistente Verträge auf Basis von Standardvorlagen, welche später unter Umständen mit erhöhtem Aufwand nachgepflegt werden müssen, haften die Gesellschafter im Fall des Falles selbst.

Wie üblich gilt außerdem: Wer billig kauft, zahlt doppelt.

1.5 Team – gemeinsam erfolgreich

Best Practice ist, sich bereits in der frühen Phase externe Dienstleister zu engagieren und strategische Partner für die neue Unternehmung zu gewinnen. Als Ratgeber, eifrige Unterstützer und Multiplikatoren erleichtern diese Mitstreiter die anstehenden Aufgaben enorm.

Gründer sollten sich für ihr Team stets die Besten suchen und Bestes erwarten. In der Kerngruppe, welche hier mit internen und externen Dienstleistern etabliert wird, müssen die Chemie zwischen den Menschen und die Qualität der Arbeitsergebnisse von Anfang an stimmen. Wie bereits erwähnt, ist es Ziel der Teamauswahl, fehlende Skills des Gründerteams und gegebenenfalls der eigenen Mitarbeiter zu ergänzen. Abb. 1.3 zeigt Beispiele für die Teamauswahl. Die Aufstellung unseres Teams beschreiben wir in den nachfolgenden Kapiteln exemplarisch.

▶ **Styleguide** Ein Tag hat 24 h und Gründer können nicht planen, lernen, vorbereiten und gleichzeitig Geld verdienen. Externe Dienst-

Vertriebsunterstützung Textilhersteller
Webdesign
Partner Designer Homepage
Printmedien Sekretariat Service
Finanzdienstleister Provider Cloud IT
Versand
Sub- Lieferanten Web-Hoster

➔ Erfolg durch ein starkes Dienstleister-Team

Abb. 1.3 Teamauswahl. (Vikings Software GmbH)

leister unterstützen hier mit ihrem Erfahrungsschatz und ihren Fähigkeiten, um Tätigkeitsbereiche abzudecken, die Experten-Know-how erfordern.

Gesellschafter – Weggefährten in allen Lagen

Als Gründerteam ist die Selbstständigkeit unseres Erachtens einfacher, da sich Aufgaben und Herausforderung intern zuordnen und verteilen lassen. Als Team ist man nicht nur auf sich selbst angewiesen. Gegensätze und Vorlieben sorgen im Team für eine gefestigte Basis und natürliche Ergänzung der Fähigkeiten.

In der Beurkundung kommentierte unser Notar, dass Gesellschafter eine „eheähnliche Verbindung" eingehen. Der Unterschied wäre, dass es bei der Kapitalgesellschaft nur um das Geld geht. Ohne weitere Details auszuschmücken, ist die Bemerkung zutreffend – in guten, wie in schlechten Zeiten – zu unserem Glück bisher nur in guten.

> **Tipp** Stellen Sie sich darauf ein, dass Sie in der Gründungs- und Start-up-Phase mehr Zeit mit Ihren Gesellschaftern als mit der eigenen Familie verbringen. Das ist durchaus normal und setzt natürlich hohe Toleranz bei den Familienangehörigen voraus. Von einer erfolgreichen Gründung können Sie dann sprechen, wenn hinterher die Familie und die neue Firma intakt sind.

Steuerberater

Ingenieure sind in der Mathematik gut bewandert. Auch betriebswirtschaftliche Grundlagen sind mittlerweile in jedem technischen Studiengang enthalten. Mit Blick auf die Kosten stellten auch wir uns deshalb zu Beginn die Frage, ob ein Buchhalter beziehungsweise Steuerberater tatsächlich notwendig ist. Bei einer GmbH ist diese Frage ganz klar mit JA zu beantworten.

Am Rande sei bemerkt, dass die Doppelte Buchführung, welche in der GmbH gesetzlich vorgeschrieben ist, tatsächlich das kleinste Problem ist.

Die Tätigkeit des Steuerberaters beginnt bereits in der frühen Konzeptphase als Trusted Advisor. Bei der Erstellung des unerlässlichen Zahlenwerks für den Businessplan berät der Experte und unterstützt bei der Ausarbeitung sowie bei Freigabe der Dokumente.

Natürlich gehören zu den Kernaufgaben des Steuerberaters die Buchhaltung und die Interaktion mit dem Finanzamt. Relevant wird dieses Aufgabenspektrum aber erst ab dem Zeitpunkt der Gründung. Hier unterstützen dann moderne Applikationen, wie beispielsweise „DATEV Unternehmen online“, die Gründer und den Steuerberater bei der täglichen Arbeit. Die Werkzeuge ermöglichen einen stabilen, schlanken und kostengünstigen Prozess.

In Angelegenheiten der Kapitalgesellschaft, wie beispielsweise Tantiemen, Gehälter, Einlagen, Abschreibung etc., ist der Steuerberater – wie der Name schon sagt – jederzeit eine gute Anlaufstelle zur Klärung von Fragen und für detaillierte Beratung zur Materie.

▶ **Tipp** Falls Sie bereits einen Steuerberater des Vertrauens im privaten Umfeld haben, übernimmt dieser erfahrungsgemäß auch gerne die Betreuung Ihrer neuen Firma. Versuchen Sie gemeinsam mit dem Steuerberater vorab die monatlichen Aufwände zu klären und eine Leistungspauschale zu vereinbaren. Bei diesem Ausgabenblock handelt es sich um eine Ihrer ersten laufenden Betriebskosten, welche Sie in der Finanzplanung fixieren können. Der Steuerberater erläutert Ihnen auf Nachfrage auch die „versteckten“ Kosten der GmbH (Gründung) und teilt mit Ihnen hier seinen wertvollen Erfahrungsschatz. Die gewonnenen Erkenntnisse sind vor allem bei der Ausarbeitung des für mehrere Jahre ausgelegten Businessplans hilfreich.

Anwalt

Nicht nur bei der GmbH-Gründung, sondern auch beim späteren Betrieb, ist juristische Unterstützung unerlässlich. Der Anwalt wird zum Trusted Advisor bei der Erstellung von Vertragswerken, Vertragsprüfungen und rechtlichen Auseinandersetzungen im Außenverhältnis der GmbH.

Sofern keine Streitigkeiten mit dem ehemaligen Arbeitgeber auszufechten sind, gehören zu den ersten Handlungen des Anwalts die Beratung und Ausarbeitung eines Gesellschaftervertrages. Hier kann ein Gründerteam erhebliche Kosten einsparen, wenn es sich in der Sache einig ist und einen einvernehmlichen Gesellschaftervertrag erstellen lässt. Hintergrund ist, dass der Anwalt aufgrund des Interessenkonflikts normalerweise nicht mehrere Gesellschafter gleichzeitig vertreten darf. Vorab sollte deshalb geklärt werden, ob der Vertrag die partizipierenden Gesellschafter gleich stellt oder ob unterschiedliche Rechte und Pflichten im Vertrag die Hinzuziehung weiterer Anwälte erfordern, um die spezifischen Gesellschafterinteressen zu wahren.

Optimal (aber kein Muss) ist es, wenn der juristische Beistand einer Kanzlei mit Notariat angehört. Da sich die Kollegen untereinander erfahrungsgemäß gut abstimmen, ist der Ablauf reibungsfrei und effizient. Auch hier gilt, dass Anwalt und Notar aufgrund des möglichen Interessenkonfliktes zwei verschiedene Personen sein müssen.

▶ **Tipp** Suchen Sie sich eine Kanzlei, optimal mit Notariat, in Ihrer Nähe (Agglomerationsvorteil). Vertragsausarbeitungen besprechen sich einfacher, wenn man gemeinsam an einem Tisch sitzt. Versuchen Sie nach Möglichkeit einen einvernehmlichen Gesellschaftervertrag zu erstellen, um Kosten für zusätzliche Anwälte zu vermeiden. Lassen Sie sich in juristischen Fragen oder bei Unklarheiten umgehend von Ihrem kompetenten Rechtsbeistand beraten. Ja, dies kostet Geld. Die Beratung im Vorfeld ist mitunter aber günstiger als eine gerichtliche Auseinandersetzung, welche durch Unkenntnis oder Handlung wider besseren Wissens provoziert wurde.

Design, Marketing und Vertrieb

Kreativität in der Softwareentwicklung ist unsere Kernkompetenz – zwei Köpfe, ein Gedanke und ein Ziel. Wie uns aber bewusst wurde, lässt sich abseits der Kernkompetenz, beispielsweise über Wort- und Bild-Design, dagegen vortrefflich streiten. Beim Entwurf unseres Logos führten lange Diskussionen über die eigenen künstlerischen Ergüsse zu keiner tragbaren Lösung und teilweise zu Deadlock-Situationen.

Zum Glück konnten wir im Bekanntenkreis eine begabte Designerin für unser Vorhaben gewinnen. Zusammen mit ihrem Mann deckt sie nicht nur die Entwicklung des Corporate Identity (CI), sondern auch Webdesign, Marketing und Vertrieb ab. Als Glücksfall bezeichnen wir die Konstellation deshalb, weil sich die drei Teilgebiete (Design, Marketing und Vertrieb) bei der Lieferung aus einer Hand zu einer Einheit verschweißen. Hier ist Lieferantenkonzentration wirklich erstrebenswert.

▶ **Styleguide** Das CI bestimmt die Außenwirkung des Firmenauftritts. Es muss gefällig, durchgängig und stimmig sein. Beim Outsourcen von Design- und Vertriebsleistungen ist es erforderlich, die eigenen Leistungen und Produkte klar zu umreißen, damit ein Dritter diese an Kunden offerieren kann. Nur wenn CI, Struktur und Methoden stimmig sind, skalieren die Vertriebsaktivitäten.

▶ **Tipp** Skizzieren Sie Ihr Logo und CI nach bestem eigenen Können. Geben Sie die Ausarbeitung frühzeitig an einen erfahrenen Designer ab. Dieser verfeinert das Konzept in enger Zusammenarbeit mit Ihnen, bis ein hervorragendes Ergebnis vorliegt.

Strategische Partner – Allianzen zur Stärkung des Unternehmens

Ob User Group, Forum oder Anwendernetzwerk – im Team zu projektieren ist einfacher als alleine. Last but not least sollten sich Existenzgründer deshalb frühzeitig um strategische Partnerschaften mit etablierten Firmen bemühen und sich über die jeweiligen Voraussetzungen für den Partnerstatus informieren.

Alliance Partnerschaften bieten den partizipierenden Unternehmen beispielsweise bessere Konditionen beim Wareneinkauf, kostengünstige Lizenzmodelle bei Softwareprodukten und Internetportale, um die eigene Unternehmung zu präsentieren.

Für unsere Kerngebiete der LabVIEW- und .NET-Softwareentwicklung sind beispielsweise die Mitgliedschaft beim Alliance Partner Network von National Instruments und beim Microsoft Silver Partner Programm vorteilhaft. Beide strategische Partnerschaften ermöglichen eine verbesserte Marktpositionierung und exklusive Vorteile beim Wareneinkauf und der Softwarelizenzierung [6, 7].

Mitarbeiter

Mitarbeiter sind die metaphorischen Kinder der Firma – Stolz und Sorge des Unternehmers. Verantwortung ja gerne, aber zur richtigen Zeit. Entscheidend für uns ist, dass wir unseren zukünftigen Mitarbeitern ein nachhaltiges und gefestigtes Umfeld bieten wollen. Solange wir diese Struktur etablieren, haben wir es deshalb nicht eilig.

> **Tipp** Die Anstellung von Mitarbeitern qualifiziert Sie zum Unternehmer. Sie tragen die Verantwortung für Ihre Mitarbeiter.
>
> Unser Ideal: Seien Sie stets ein gutes Vorbild. Behandeln Sie Ihre Mitarbeiter mit Aufmerksamkeit und Respekt. Ihr Unternehmen bietet Ihren Angestellten die Plattform, gemeinsam im Team erfolgreich zu sein.

1.6 Ressources – endliche Mittel, unendliche Möglichkeiten

Kapital

Geld ist nicht alles im Leben, aber der Dreh- und Angelpunkt einer Unternehmung. Mit Gründung einer Kapitalgesellschaft ist der Name Programm. Kapital ist die Energie, welche die Dinge in Bewegung setzt. Leider gehört Geld von Anfang an zu einer der endlichen Ressourcen.

Das Team und die engagierten externen Dienstleister arbeiten selbstverständlich gegen Entgelt. Auch Seminare, Reisetätigkeiten und Komponentenkäufe zum Aufbau der Infrastruktur verursachen bereits in der Vorbereitungsphase nicht zu unterschätzende Kosten. Die Aufwände bei der Existenzgründung werden als Vorgründungskosten bezeichnet. Dieser Kostenblock wird bereits zu den zukünftigen Betriebsausgaben gezählt und mindert nach Firmengründung den Gewinn steuergünstig. Übrigens werden auch Mehrwertsteuerbeträge der Vorgründungsphase vom Finanzamt erstattet, sobald nach GmbH-Gründung eine Steuernummer vorliegt.

Hervorzuheben ist: Die GmbH-Gründung ist vergleichbar mit einem Langzeitprojekt, bei dem die Rechnung erst nach Abnahme gestellt wird. Die finanziellen Reserven für Vorgründungskosten und Stammeinlage müssen bis zum Abschluss des Projektes respektive bis zur Stellung der ersten Ausgangsrechnung ausreichen. Obwohl viele (Jung-)Unternehmer den Zukauf unnötiger Komponenten oder Dienstleistungen zur Senkung der Steuerlast als Best Practice predigen, ist diese Handlungsweise weder zielführend noch nachhaltig, denn Liquidität ist Trumpf. Und nur, wer am Ende Steuern zahlt, hat auch Gewinn erwirtschaftet.

▶ **Tipp** Geben Sie nur Geld aus, das Sie haben, für Dinge, die Sie wirklich benötigen. Planen Sie ausreichend Reserven ein, um auch nicht geplante Durststrecken überbrücken zu können. Definieren Sie im Vorfeld Schwellen, bei deren Unterschreitung Sie die Reißleine ziehen und rechtzeitig anderweitige Einnahmequellen auftun können.

Erwiesenermaßen macht die Existenzgründung mit eigenem Kapital – unter anderem aufgrund der Unabhängigkeit von Dritten – am meisten Spaß. Diese Finanzierungsart der Unternehmensgründung wird als „Bootstrapping" (Gründung ohne Fremdkapital) bezeichnet. Hierbei tragen die Gründer mit dem selbst eingebrachten Kapital das volle Risiko der Unternehmung. Bereits nach den ersten Hochrechnungen war für uns klar, dass Bootstrap-Gründung mit Fokus auf der Unabhängigkeit von Investoren/Banken ein gangbarer Weg ist.

Von einem Risikoanalysten aus dem Familienkreis erhielten wir nach Konzeptvorstellung hierfür sogleich die Bewertung „konservative Unternehmung". Im direkten Vergleich zu den Strohfeuern der New Economy mag diese Bewertung zutreffend sein. Tatsächlich empfinden wir die Bewertung aber nicht als negativ, da unsere Unternehmung auf nachhaltiges organisches Wachstum ausgerichtet ist. Das muss aber nicht jedermanns Gusto sein.

Denn je nach Projektgröße und finanziellen Rücklagen kann Bootstrapping auch entbehrungsreich bis unpraktikabel sein. Muss für das Unternehmen beispielsweise teures Equipment beschafft werden, kann dies den finanziellen Eigenkapital-Rahmen sprengen und nur mit Fremdkapital abbildbar sein. Für unsere Bootstrapping Gründung hat sich die Kapitalzusammensetzung wie in Abb. 1.4 dargestellt bewährt.

▶ **Styleguide** Kapitalbeschaffung ist ein individueller Vorgang. Die Art der Kapitalaufbringung ist hierbei eine grundlegende strategische Entscheidung, welche von den Gründern frühestmöglich getroffen werden muss, um Handlungen und Abläufe dahin gehend ausrichten zu können.

▶ **Tipp** Schätzen Sie in der frühen Projektphase den benötigten Kapitalbedarf ab. Suchen Sie sich frühzeitig Investoren/Banken, wenn sich abzeichnet, dass die Unternehmung auf Fremdkapital angewiesen ist.

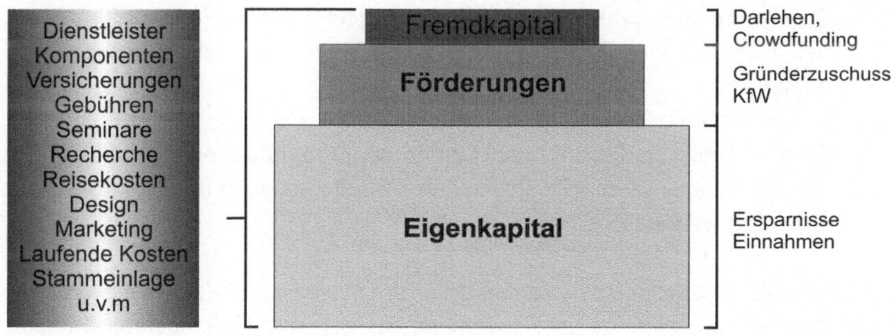

Abb. 1.4 Übersicht Gründungskosten und Kapital. (Vikings Software GmbH)

> Fremdkapital ist kein Zeichen von Schwäche, sondern die Umverteilung von Risiken zum Preis der Abhängigkeit (respektive Zinszahlungen, Gewinnabgaben, Einräumung von Mitspracherechten etc.).

Kapitalgeber

Egal ob aus eigener Kraft oder mit Fremdfinanzierung, sollten Gründer zur Absteckung ihrer finanziellen Möglichkeiten und zu organisatorischen Zwecken frühzeitig eine geeignete Bank für Geschäftskunden aufsuchen, um Kontakt mit dem zuständigen Kundenbetreuer herzustellen. Neben möglicher Vorfinanzierung wird rein formal zur Gründung der GmbH ohnehin ein Geschäftskonto benötigt, für dessen Auswahl und Einrichtung Vorbereitungszeit eingeplant werden sollte.

Der Markt bietet eine Vielzahl von Banken und Leistungsmodellen. Die einzelnen Leistungen und Kosten sind nicht einfach miteinander zu vergleichen, vor allem weil der spätere Geschäftsprozess nur anhand von Planzahlen umrissen ist. Unter dem Strich sind die Konditionen und Gebühren der einzelnen Banken ähnlich. Gegebenenfalls sollten die Gründer auch Nebenleistungen, wie zum Beispiel EC/Kreditkarten, Darlehen, Versicherungen, DATEV Interface etc. vergleichen, auch wenn diese nicht von Anfang an benötigt werden.

Wie bei der Auswahl von Produktivitätshilfsmitteln für die Softwareentwicklung, sollte die Wahl der geeigneten Bank deshalb von den eigenen Anforderungen, des Standorts und nicht zuletzt von der zuverlässigen Zusammenarbeit mit dem Kundenbetreuer sowie vom eigenen Bauchgefühl abhängig sein. Der Kundenbetreuer ist bei Beantragung von Leistungen und Krediten sowohl Berater, Schnittstelle als auch Fürsprecher bei der Bank.

▶ **Styleguide** Bei Banken muss für die gemeinsame Projektierung neben den nackten Zahlen auch die Chemie zwischen den Menschen passen.

▶ **Tipp** Vielleicht haben Sie bereits einen vertrauten Kundenberater bei Ihrer Hausbank. Lassen Sie sich von ihm an die Kollegen der Businessabteilung weiterempfehlen.

Auf Basis des Businessplans und der darin prognostizierten Zahlen bewertet der Kundenbetreuer als erste Instanz, inwieweit das geplante Unternehmen tragfähig ist. Die Risikobewertung bestimmt dann, zu welchen Konditionen ein Kredit vergeben wird. Bei Unstimmigkeiten im Konzept oder nicht fachgerecht ausgearbeiteten Businessplänen kann ein Kreditantrag abgelehnt oder das Risiko höher eingestuft werden, was gleichbedeutend mit höheren Kosten für die Finanzierung ist.

Auch Förderkredite der KfW-Bank werden übrigens ausschließlich über die Hausbank vermittelt. Bei Förderkrediten handelt es sich in der Regel um zinsgünstige Darlehen für Gründer und junge Unternehmen. Über Konditionen und Vergabebedingungen können sich Interessierte vor einem Bankgespräch detailliert auf der KfW-Homepage informieren [7]. Als Bootstrap-Start-up nutzen wir keine Fremdfinanzierung in Form von Förderkrediten. Unser Kundenbetreuer kommunizierte uns aber, dass Prozedere und Durchlaufzeiten für KfW-Kredite derer einer hausinternen Darlehensvergabe entsprechen.

Förderungen

Eine echte und sehr hilfreiche Förderung für Gründer bietet die Bundesagentur für Arbeit (BfA) in Form des sogenannten Gründerzuschusses. Der Gründerzuschuss ist eine finanzielle Unterstützung für Arbeitslose, welche eine hauptberufliche selbstständige Arbeit aufnehmen.

Genau wie die Bank benötigt auch die BfA zur Bewilligung von Leistungen einen sorgfältig ausgearbeiteten Businessplan, welcher nach Übergabe streng auf konzeptionelle Lücken überprüft wird. Überzeugt die Ausarbeitung und sind die formellen Anforderungen erfüllt, wird dem angehenden Selbstständigen der Gründerzuschuss gewährt [8]. Der Gründerzuschuss entspricht den ALG I-Leistungen (d. h. 60 % des durchschnittlichen Nettogehalts der letzten zwölf Monate) und wird für sechs Monate an den Gründer ausgezahlt. Im Anschluss an den Gründerzuschuss hat der Selbstständige die Möglichkeit, eine Zusatzförderung von monatlich dreihundert Euro für weitere neun Monate zu beantragen. Diese soll den Gründer beispielsweise bei der Zahlung von Beiträgen für Kranken- und Pflegeversicherung unterstützen. Die Zusatzförderung ist hier allerdings abhängig von der Darlegung der positiven Firmenentwicklung und abhängig von einer Einzelfallbescheidung.

Erwähnenswert ist, dass der Gründerzuschuss und die Zusatzförderung steuerfrei sind. Im Gegensatz zu ALG I Leistungen werden die ausgezahlten Summen auch nicht dem Progressionsvorbehalt angerechnet. Das heißt, dass die geförderten Gründer nicht automatisch in eine höhere Steuerklasse eingestuft werden, sobald die ersten Gehälter bezogen oder Gewinne ausgeschüttet werden.

Ziel der staatlichen Förderung ist es, den Existenzgründern die Sicherung des sozialen Standards während der Start-up-Phase zu ermöglichen – und hier trifft die Maßnahme direkt ins Schwarze.

Erfahrene Projektleiter kennen die Situation, welche häufig zu Stress, Überlastung und schlechten Ergebnissen führt: In der wichtigen Kick-Off- und Engineering-Phase (ohne Einnahmen) soll nebenher noch der Cashflow zur Deckung der monatlichen Kosten (z. B. Gehälter, Miete etc.) erwirtschaftet werden.

Die Fördermaßnahme dämpft hier den Leistungsdruck und verhindert erfolgreich Existenz-Ängste. Vor allem in der anspruchsvollen Start-up-Phase nimmt diese sinnvolle staatliche Fördermaßnahme den Gründern viel Last von den Schultern, bis die Unternehmung rund läuft, sich die Prozesse eingependelt haben, erste Gehälter gezahlt und vor allem die ersten Rechnungen geschrieben werden können. Abb. 1.5 zeigt die Vor- und Nachteile der Kapitalisierungsarten.

Die organisatorische Herausforderung bei der Beantragung des Gründerzuschusses ist, dass der Antragsteller vor Aufnahme der selbstständigen Tätigkeit mindestens einen Tag arbeitslos gemeldet sein muss. Insbesondere bei der GmbH-Gründung ist die Koordination aufgrund mehrerer Abhängigkeiten mit anderen Threads (Kündigung, Notar, Bank etc.) nicht einfach und deshalb frühzeitig zu planen.

Der Gründerzuschuss ist eine Einzelfallbewilligung. Das bedeutet, dass die Gründer bis zur vollständigen Einreichung der notwendigen Unterlagen (siehe Kap. 2 und 3 dieses Buches) beziehungsweise der anschließenden Stattgabe des Antrages diesbezüglich keine Planungssicherheit haben. Die Gründer sollten deshalb im persönlichen Finanzplan sowohl die positive Bescheidung als auch eine Ablehnung des Gründerzuschusses kalkulieren.

Unsere Erfahrungen mit den Ämtern waren hier durchweg positiv, wenn auch sehr unterschiedlich. Beim Amt in der Großstadt wurde der Fall als Blackbox-System abgehandelt. Die Einhaltung der Formalien wurde detailliert überwacht. Die formschöne und lückenlose Dokumentensammlung ohne konzeptionelle Lücken musste innerhalb der gegebenen Frist eingereicht werden. Nach Abgabe folgte die Prüfung und positive Bescheidung ohne weitere Rückfragen.

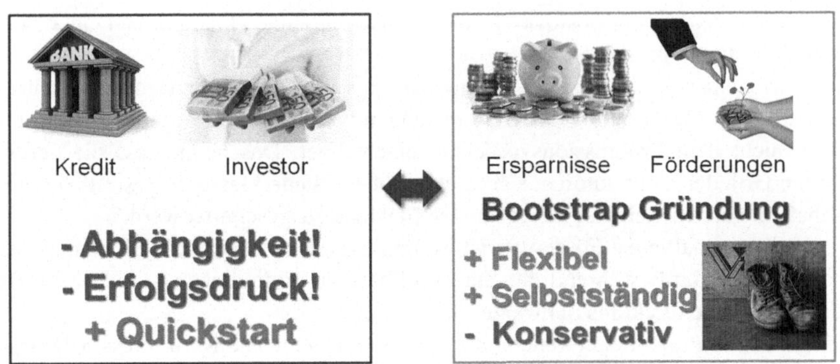

Abb. 1.5 Gegenüberstellung der Kapitalisierung. (Vikings Software GmbH, Bildelemente: Bild „Bank" – Urheber: madmaxer/123RF Lizenzfreie Bilder [Stand: 07.10.2016], Bild „Geld" – Urheber: lightkeeper/123RF Lizenzfreie Bilder [Stand: 07.10.2016], Bild „Sparschwein" – Urheber: solerf/123RF Lizenzfreie Bilder [Stand: 07.10.2016], Bild „Pflänzchen" – Urheber: marigranula/123RF Lizenzfreie Bilder [Stand: 07.10.2016], Bild „Schuhe" – Quelle: https://blog.fastbill.com/bootstrapping/ [Stand: 07.10.2016])

Beim Amt im ländlichen Bereich waren die äußerst hilfsbereiten Sachbearbeiter kommunikativ sowie am Dialog und den Inhalten interessiert. Mit gewissenhafter Vorbereitung zu den Gesprächen und vollständiger Beibringung der Unterlagen konnte man hier gefühlt Pluspunkte erringen. Auch wenn das Ergebnis der Fallentscheidung, wie auch in der Großstadt, nicht vorher verraten wurde, so bestätigten die Sachbearbeiter auf Nachfrage doch das gute Bauchgefühl, sobald man auf dem richtigen Weg war.

Egal ob in der Stadt oder auf dem Land – die Gründer sind bei der Beantragung der Zuschüsse bereits Repräsentanten des neuen Unternehmens, welche mit vorbildlichem Verhalten und hochwertiger Arbeit ihr Zubrot für die ersten Monate der Selbstständigkeit sichern. Mit entsprechendem Ernst und Ehrgeiz sollte dieses wichtige Aufgabenpaket deshalb behandelt werden.

▶ **Styleguide** Bewilligungen von Förderungen sind Einzelfallentscheidungen der Ämter und organisatorische Herausforderungen im Gesamtkonstrukt – Vorsicht vor „Race Conditions". Pünktliches und seriöses Auftreten mit hochwertigen Arbeitsergebnissen ist auch beim Amt Aushängeschild der zukünftigen Unternehmung.

> **Tipp** Zusammen mit dem Gründerzuschuss sollten Sie bei der Bundesagentur für Arbeit auch gleich die kostengünstige freiwillige Arbeitslosenversicherung für Selbstständige beantragen. Verunfallt das Gründungsprojekt wider Erwarten, dient die Arbeitslosenversicherung als Fallback. Ein gescheiterter Existenzgründer kann im Versicherungsfall bis zur Aufnahme der Folgetätigkeit regulär ALG I beziehen (60 % des letzten Nettogehalts als Angestellter).

Neben dem Gründerzuschuss gibt es noch tausende andere staatliche und private Förderprogramme für Selbstständige und junge Unternehmen. Eine erste Übersicht zu Fördermitteln einzelner Branchen – meist inklusive kostenloser Erstberatung – bieten die diversen Internetplattformen für Gründer [9].

Auch Wettbewerbe mit Preisgeldern und interessanten Kontakten sind reizvolle Alternativen zu Behörden und Banken. Beispielsweise bietet die Gründerinitiative Science4Life einen Businessplan-Wettbewerb mit Preisen bis zu 25.000 €. Die Erstellung eines hervorragenden Businessplans gereicht auch hier zum Vorteil [10].

Zeit

Wenn auch zunächst weniger beachtet und geschätzt als der schnöde Mammon, ist Zeit eine weitere wichtige und endliche Ressource im Projekt.

Es ist davon auszugehen, dass ambitionierte angehende Selbstständige zumindest im fachlichen Bereich erfahrene Zeitmanager sind. Persönliche Zeitaufzeichnungen sind Usus. Eine Projektierung wird erst dann als erfolgreich bezeichnet, wenn diese nicht nur vollständig und fehlerfrei ist, sondern auch rechtzeitig geliefert wurde. Ist das Entwicklungsprojekt zur gesetzten Deadline nicht fertig, wird in der Regel kurzfristig mit Mehrarbeit kompensiert.

Die wesentlichen Unterschiede beim Projekt Firmengründung sind, dass das Gesamtprojekt – zumindest dem Wunsch nach – auf Jahrzehnte angelegt ist und es sich weiterhin um das sprichwörtliche Baby der Gründer handelt, welches gut gehegt und gepflegt sein will.

Aufgrund der vielen Aufgaben und Verpflichtungen kann es auch in der Vorbereitungsphase deshalb schnell zur Störung der Work/Life-Balance kommen. Einen Ausweg bietet hier nur strikte Zeitplanung und absolute Disziplin zur Einhaltung geordneter Arbeits- und Ruhezeiten.

Erkennen die Gründer bereits in der Arbeitsvorbereitung eine länger anhaltende Überlastung, muss umgehend gehandelt werden. Beispielsweise können Aufgaben an externe Dienstleister delegiert oder Aufgabenpakete bei der Planung entsprechend entschleunigt werden.

Styleguide Anhaltende Überlastung führt zu Krankheit, Krankheit zu Ausfall und Ausfall mindert den unternehmerischen Erfolg. Zeit ist eine endliche Ressource. Keine Zeit zu haben ist ein Symptom, welches mit geeignetem Zeitmanagement und guter Ressourcenplanung beseitigt werden muss.

Welche Tasks sollten zum Zwecke der Zeitersparnis von Gründern delegiert werden? – It depends!

Als Unternehmerweisheit gilt: So wenige wie möglich, so viele wie nötig. Hierfür müssen die Aufgaben zunächst objektiv bewertet und beschrieben werden. Die Auslagerung von Aufgaben kostet Geld und spart insofern Zeit, als dass im Optimalfall nur noch Arbeitsergebnisse kontrolliert werden müssen.

Wie bereits erwähnt, sollten Aufgaben zwingend abgegeben werden, wenn diese Experten-Know-how oder Werkzeuge erfordern, die den Gründern nicht zur Verfügung stehen – bei unserer Gründung beispielsweise Gesellschaftervertrag, Buchhaltung und Design. Besteht das Gründerteam wiederum aus Juristen und Buchhaltern, werden wahrscheinlich Tasks wie zum Beispiel IT-Infrastruktur von externen Spezialisten bearbeitet.

Die Gründer sollten sich hier stets so tief in die Materie einarbeiten, wie es die Überwachung des Prozesses erfordert.

Tipp Haushalten Sie mit Ihrer Energie durch eine ausgeglichene Work/Life-Balance. Versuchen Sie Ihre Arbeitspakete in vernünftigen Zeitspannen fertig zu stellen. Planen Sie hierzu Kontingente und Sprints in einem für Sie auf Dauer tragbaren Verhältnis. Nutzen Sie Ihren Eifer, um wichtige Module zu perfektionieren (Stichwort Businessplan). Konzentrieren Sie sich auf Tätigkeiten, die in Ihrer Kompetenz liegen, Ihnen Spaß machen und Ihnen leicht von der Hand gehen. Delegieren Sie nach Möglichkeit die verbleibenden Aufgaben an andere, die sich auf diese Aufgaben spezialisiert haben. Sie müssen im Vorfeld beurteilen und entscheiden, ob die Einarbeitung in ein fremdes Wissensgebiet unternehmerisch lohnenswert ist.

1.7 Implementation – Bausteine der Unternehmung

Die Infrastruktur und das Backoffice sind Rückgrat der Unternehmung. Bootstrap-Gründer müssen hier genau planen, welche Investitionen wie zum Beispiel für Arbeitsmittel, Software-Lizenzen, Versicherungen, Material, Firmenwagen etc. sinnvoll und tragbar sind.

Falls eine Anschaffung nicht sofort getätigt werden kann, sollte zumindest der Entscheidungsprozess, wie exemplarisch in Abb. 1.6 ausgeführt, dokumentiert werden. Bereits erörterte Punkte werden auf diese Weise später nicht aus den Augen verloren und können schnell entschieden werden.

Analog zur Softwareentwicklung, wo nützliche Architekturen, Werkzeuge und Komponenten fertig zugekauft werden, können auch für die neue Firma fertige Arbeitsmittel, Applikationen und mancherlei Hilfreiches erstanden werden. Da jedes Unternehmen unterschiedliche Anforderungen an die aktuellen und zukünftigen Ausstattungen hat, sollten die Bedarfsermittlung und die Kaufentscheidung individuell ausgearbeitet werden. Extreme, wie Sparversion oder Luxusartikel, gilt es hierbei zu vermeiden, wenn diese kompromissbehaftet sind oder der Zukauf nicht auf Grundlage einer bewussten Entscheidung erfolgt.

▶ **Styleguide** Auf das richtige Werkzeug zum richtigen Preis kommt es an. Mit geringem Budget liegt der Fokus auf dem aktuellen Bedarf. Handelt es sich um Anschaffungen, welche über die Zeit skalieren sollen, muss dies bei der Planung berücksichtigt werden.

Abb. 1.6 Beispiel Dokumentation Beschaffungs-Entscheidungen. (Vikings Software GmbH)

> **Tipp** Sprechen Sie frühzeitig mit Ihrem Steuerberater, falls Sie planen, private Gegenstände in die neue Firma einzubringen (Stichwort verdeckte Sacheinlagen).

Da dieses Buch an gründende Softwareentwickler und Ingenieure adressiert ist, stellen wir nachfolgend kurz unsere Überlegungen zur Infrastruktur dar. Eine größere Schnittmenge dieser Überlegungen ist aber sicher auch für Gründer aus anderen Tätigkeitsbereichen relevant.

Firmensitz – Standort des Wirkens
Aufgrund der Nähe zur unseres Erachtens schönsten Großstadt Deutschlands, war unsere Entscheidungsfindung zur Wahl des Firmensitzes (Großstadt vs. Land) kontrovers. Selbstverständlich ist es Prestige, wenn die Firma in einer bekannten Stadt ansässig ist. Weiterhin bietet die Großstadt hervorragende Verkehrsanbindung, gute Infrastruktur (Kommunikation, Breitbandanschlüsse etc.) und nicht zuletzt eine große Auswahl an Restaurants mit kulinarischen Köstlichkeiten. Leider sind prestigeträchtige Wirkungsstätten in der Stadt selten vakant und zudem in Summe erheblich teurer als auf dem Land.

Preis-Wert ist hier deshalb das Stichwort, welches die Gründer bei der Wahl der Niederlassung im Hinterkopf behalten sollten. Wo ist das Kosten/Nutzen-Verhältnis besser? Welche Vor- und Nachteile hat der jeweilige Standort? Deckt die Lokalität die Bedürfnisse der neuen Firma ab? Ist die Lokalität repräsentativ genug, um die gewünschte Mitarbeiter-Klientel gewinnen zu können? Sind die Verkehrsanbindungen günstig gelegen, um Kunden und Lieferanten die einfache Anreise zu ermöglichen?

Auch die Art der zukünftigen Niederlassung ist für die weitere Projektierung entscheidend. Ein aktueller Trend sind beispielsweise Start-up-Inkubatoren oder Business-Communities. Hier wird den angehenden Selbstständigen nicht nur ein Arbeitsbereich angeboten, sondern ein komplettes Backoffice mit Büroausstattung, Serverlandschaft und Sekretariat. Die Preise für diese Niederlassungsarten sind gehoben, aber für Gründerteams, welche in der Findungsphase auf Flexibilität angewiesen sind, durchaus attraktiv. Bei Anmietung oder Kauf von Immobilien sind die Neben- und Instandhaltungskosten zu beachten. Weiterhin sollten die Gründer in der Start-up-Phase darauf achten, keine Knebelverträge zu unterschreiben, welche die neue Firma im schlimmsten Fall auf Jahre an eine ungeeignete Immobilie bindet.

Kürzeste Wege zur Arbeit und ein bekanntes Environment bietet das preisgünstige Homeoffice. Gerade im Bereich Dienstleistung ist ein Arbeitsplatz in den eigenen vier Wänden für den Anfang vollkommen ausreichend. Ist die

Infrastruktur und Teamgröße für diese Art Niederlassung geeignet, stellt das Homeoffice den optimalen Ausgangspunkt einer Bootstrap-Gründung dar.

Befindet sich die Niederlassung in einer ländlichen Region, sind in der Regel auch die Hebesätze der Steuern günstiger als in den Städten, was den Standort auf dem Land, abgesehen von der hervorragenden Parkplatzsituation, zusätzlich attraktiv macht.

▶ **Styleguide** Wichtigste Voraussetzung für Selbstständige im Homeoffice ist eiserne Disziplin, denn die Trennung zwischen privat und geschäftlich ist meist nur eine offene Tür.

▶ **Tipp** Informieren Sie sich beim Bürgeramt und gegebenenfalls beim Vermieter, ob die Gründung einer GmbH mit jeweiligem Tätigkeitsspektrum in Ihrer Immobilie erlaubt ist. Dienstleistungsgewerbe ohne Lärmbeeinflussung sind in Wohngebieten normalerweise problemlos möglich.

IT und Backoffice – wichtige Helferlein

Egal ob Arbeitsplatz-PC, Laptop oder Tablet – ohne Computer ist eine Unternehmung heutzutage nicht mehr denkbar. Es empfiehlt sich, qualitativ hochwertige und vor allem einheitliche Arbeitsmittel zu beschaffen.

▶ **Styleguide** Eine standardisierte IT-Infrastruktur reduziert im produktiven Einsatz administrative Aufwände. Im produktiven und organisatorischen Bereich muss die Arbeitsmittelplanung detailliert durchgeführt werden, um spätere Kostenfallen zu vermeiden.

Nachfolgende Komponenten sollten bei der Budgetkalkulation und der Bedarfsentscheidung mit berücksichtigt werden, auch wenn diese noch nicht sofort angeschafft werden:

• Server	→ Zur zentralen Applikations-, Daten- und Benutzerverwaltung
• Cloud Dienste	→ Online Server, Cloud Storage, Webhosting, Fileserver
• Back-up	→ Z. B. Network Storage zur Datensicherung
• Beamer/TV	→ Für Präsentationen und Schulungen
• Mobile Geräte	→ Zur Akquise und Tätigkeiten beim Kunden vor Ort, Mobile Internet-Access
• etc.	

Eine gute Ergänzung oder Alternative zu einer lokalen Server-Infrastruktur sind Cloud-Server und Cloud-Dienste (zum Beispiel Microsoft Office 365). Die Vorteile der Cloud-Infrastruktur sind die einfache Wartung und Verfügbarkeit von allen Devices mit Internetanschluss. Wenn der Internetanschluss ausfällt, ist die Verbindung zum Cloud-Service natürlich auch nicht mehr vorhanden. Für derartige Notfallsituationen und für Kundeninbetriebnahmen vor Ort empfiehlt sich deshalb ein Mobile Hotspot. Dieser erlaubt bei funktionierendem Mobilfunknetz zumindest die Aufnahme eines Internet-Notbetriebes.

Nicht zu vergessen sind auch die zur Arbeit benötigten Softwarewerkzeuge. Unterschiedliche Softwareapplikationen sind frei erhältlich; andere wiederum können zu einem Einmalkaufpreis oder als Softwareleasing erstanden werden.

Unsere langjährigen Erfahrungen mit nicht etablierten Applikationen sind durchwachsen. Auf den ersten Blick sind die Produkte gut zu handhaben und günstig in der Anschaffung. Mittelfristig wächst ein Flickenteppich an Werkzeugen, die unterschiedlich zu bedienen und zu warten sind. Oft genug stagnieren Updates, weil sich die Community hinter Open-Source-Projekten auflöst oder kleinere Firmen aus dem Markt ausscheiden.

Für den nachhaltigen und langfristigen Einsatz im produktiven Bereich schätzen wir deshalb kostenpflichtige aber dafür einheitliche Software namhafter Hersteller. Beispiele für benötigte Software:

- Betriebssysteme und Server (Windows, Linux etc.)
- Entwicklungswerkzeuge zur Softwareerstellung (LabVIEW, Visual Studio etc.)
- Office Programme für Geschäftsbriefe, Tabellenkalkulation und Präsentationen
- Zeichenprogramme zur Erstellung von Skizzen und Abbildungen
- Customer Management System (CMS) zur Betriebsdatenverwaltung
- Buchhaltungssystem (DATEV Unternehmen Online etc.)
- Projektmanagement Tools, Ticketsystem, Bugtracer (JIRA, Redmine etc.)
- Datenbank Server (MS SQL-Server, MySQL etc.)
- Versionsverwaltung (Subversion, Github etc.)
- Fernwartung (TeamViewer, FastViewer etc.)

▶ **Styleguide** Es sollten Software-Werkzeuge gewählt werden, mit denen der Gründer bzw. seine Mitarbeiter vertraut sind, die in der Branche etabliert sind und den jeweiligen Anwendungsfall abdecken.

▶ **Tipp** Strategische Partner bieten im Bereich Software oft interessante Modelle für Volumenlizenzen und Software-Leasing an. Informieren Sie sich über die Partner-Programmportale.

Corporate Identity – das Aushängeschild des Unternehmens

Unter dem Begriff Corporate Identity (CI) fassen wir unterschiedliche Prozesse, wie zum Beispiel die Erstellung von Werbeartikeln und die Gestaltung des Außenauftritts, zusammen.

Der Fantasie sind keine Grenzen gesetzt …

An Visitenkarten, Flyer für Neukundenwerbung, Briefpapier, Firmenstempel, Bekleidung, Kulis bis hin zum Kaffeebecher mit Firmenlogo bietet der Werbeartikelkatalog alles, was man sich wünschen kann.

… dem Budget allerdings schon.

Die Gründer sollten sich deshalb vor Zukauf von Werbematerial eine Marketing-Strategie überlegen und diese dann mit einheitlichem CI aufziehen. Abhängigkeiten zu parallelen Tasks sind hierbei ebenfalls zu beachten. Ein Fall für den Mülleimer wäre beispielsweise die Lieferung von 10.000 Werbekulis bedruckt mit einem Firmenlogo, welches bei der Markeneintragung abgewiesen wird.

▶ **Styleguide** Werbeartikel erst produzieren, wenn der Inhalt abgestimmt und das Marketingkonzept geplant ist.

▶ **Tipp** Überlegen Sie zunächst, welche Anschaffungen in welcher Projektphase benötigt werden und sinnvoll sind. Beispielsweise werden Homepage und Visitenkarten bei der Kundenakquise für einen seriösen Auftritt benötigt. Bekleidung mit Firmenlogo hat enorme Außenwirkung, ist aber verhältnismäßig teuer und kann auch noch zu einem späteren Zeitpunkt beschafft werden.

Kaufen Sie am Anfang größere Stückzahlen nur dann, wenn Sie diese auch wirklich benötigen und nicht aufgrund günstigerer Preisstaffeln. Ausschussgefahr – CI und Daten können sich auch nach Firmengründung noch ändern.

Versetzen Sie sich vor Beschaffung von Werbeartikeln in die Lage Ihrer Kunden. Wie viele Memory-Sticks, Kulis und Kalender haben sich über die Jahre bei Ihnen angesammelt? Setzen Sie lieber auf zielgruppengenaue Werbung ohne Streuverlust, anstatt breite Massen mit günstigem Nippes zu beglücken.

Versicherungen – notwendige Absicherung

Natürlich müssen unternehmerische Worst-Case-Szenarien vernünftig abgesichert, aber nicht überversichert werden.

Betriebs- und Vermögensschadenshaftpflicht, Lebensversicherung, Krankenversicherung und Krankentagegeld sind hierbei Pflichtprogramm für die Gründer. Bei ausreichend finanziellem Puffer kann als Kür zusätzlich eine D&O-(Geschäftsführerhaftpflicht), Rechtsschutz- und Altersvorsorge-Versicherung abgeschlossen werden.

Auch beim Versicherungsschutz ist dringend Expertenwissen gefragt, um eine individuell zugeschnittene Absicherung umzusetzen. Aufgrund von standardisierten Versicherungs-Fragebögen zur Unternehmens- und Tätigkeitsbeschreibung ist die Risikobewertung insbesondere für IT-Start-ups mit einigen Hürden und Iterationen verbunden. Insbesondere im Bereich industrielle Softwareentwicklung mit Schnittstellen zu Aktorik stoßen die Fragebögen schnell an die Grenzen dessen, was der Sachbearbeiter als vertretbares Risiko bewertet. Auch in den Wirkungsbereichen Luftfahrt, Raumfahrt und Militär schrillen die Alarmglocken des Sachbearbeiters, woraufhin diverse knifflige Zusatzfragen und Nachweise für die weitere Risikobewertung erbracht werden müssen.

Da insbesondere Konzerne vor Auftragsvergabe einen Nachweis zur Betriebshaftpflicht einfordern, sind zur Beantragung dieses Versicherungsschutzes deshalb je nach Leistungsspektrum ausreichend Zeitreserven und Überzeugungsarbeiten einzuplanen.

Gegen Ende der Vorbereitungsphase empfiehlt es sich deshalb, das Thema Versicherungen mit einem unabhängigen Makler aufzuarbeiten. Der unabhängige Makler hat den Vorteil, dass er kein spezielles Versicherungsunternehmen vertritt und objektiv berät.

▶ **Styleguide** Softwareentwicklung im industriellen Umfeld ist für Versicherungen ein schwer einzuordnendes Risiko, da die Standard-Fragebögen zur Risikobewertung das eigentliche Betätigungsfeld nicht erfassen können. Versuche, die Sachbearbeiter über die Tätigkeiten und Wirkungsbereiche aufzuklären, sind in der Regel nicht zielführend. Hilfreich ist, die Tätigkeitsbeschreibungen soweit zu abstrahieren, bis diese in das Schema der Fragebögen passen – selbstverständlich ohne Unterdrückung von Informationen, welche zur Ermittlung des Risikoschutzes relevant sind.

▶ **Tipp** Wenn Sie feststellen, dass die Zuordnung Ihrer Tätigkeiten in die typischen Fragebögen nur schwer möglich ist, fragen Sie Ihren Makler nach Versicherungen, welche bis auf wenige Ausschlüsse zunächst alles versichern. Fragen Sie Ihren Makler weiterhin gezielt nach Rabatten für die Gründungsphase. Versichern Sie das neue Unternehmen zunächst nur gegen existenzielle Risiken, um Geld zu sparen. Prüfen Sie vor Abschluss einer Versicherung stets die Leistungen und das Kleingedruckte. Eine Versicherung hilft wenig, wenn sie nicht zu Ihrem Anwendungsfall passt.

1.8 Testing – Eignungsprüfung im Trockenlauf

Eine Faustformel für Softwareentwicklung besagt, dass Tests in Summe genauso viel Zeit erfordern, wie die anderen Teile der Projektierung. Auch die Infrastruktur und Prozesse der neuen Firma lassen sich ausgiebig vor Gründung testen – wozu wir ausdrücklich raten!

Um einen reibungslosen Start zu garantieren, sollten die Einrichtungen und Abläufe bereits im Produktivmodus betrieben werden, damit der Übergang fließend ist.

In der IT-Infrastruktur können die Gründer beispielsweise bereits als Nutzer angelegt werden. Zur Prüfung der Datenablage und Backupmechanismen können die Dokumente der Gründungsvorbereitung abgelegt und gepflegt werden. Zur internen Kommunikation lassen sich die E-Mail-Konten und Kalenderfunktionen nutzen.

Im CMS-System (Customer Management System) werden Kontaktdaten der bekannten Dienstleister und Lieferanten hinterlegt. Vielleicht gibt es auch bereits Akquise-Tätigkeiten mit Daten von Interessenten und ersten Leads, die eingepflegt werden können.

Um einen regulären Projektablauf zu simulieren, können Applikationen ggf. auf Demomodus umgestellt werden, um Angebots- und Auftragserstellung, Projektierung und Dokumentation, Tracking sowie abschließende Rechnungsstellung zu prüfen, ohne die Systeme mit Testdaten zu verstopfen.

Tests und Simulationen von Betriebsabläufen wirken zunächst überflüssig. Zur Aufdeckung von Lücken in den Prozessen und zur Prüfung, ob die Dokumentenvorlagen den Anforderungen entsprechen, sind Tests und Simulationen hervorragend geeignet.

- **Styleguide** Testen ist anstrengend aber lohnenswert.

- **Tipp** Investieren Sie Zeit in Tests von Infrastruktur und Abläufen. Auch wenn die Simulationen nicht 100 % mit der späteren Realität übereinstimmen, haben Sie in der stressigen Nachgründungsphase einen signifikanten Vorsprung.

1.9 Preparation Review – Erkenntnisse des Testlaufs

Zusammenfassend ist die Vorbereitungsphase bereits die erste Bewährungsprobe auf dem Weg zur Selbstständigkeit.

Mit dem Stecken und Erreichen von Planungszielen, der Abarbeitung von Aufgabenpaketen sowie dem Delegieren und Überwachen von Tätigkeiten an externe Dienstleister, gleichen die täglichen Herausforderungen bereits denen der zukünftigen Unternehmer.

Mit Abschluss der Vorbereitungen ist der Rahmen für die Existenzgründung geschaffen.

Die Gründung

2

2.1 Launch – die Geburtsstunde der GmbH

Nein, bei der Kürze dieses Kapitels handelt es sich nicht etwa um einen Druckfehler. Der Launch, also die eigentliche GmbH-Gründung, ist im Vergleich zum bisher geleisteten Aufwand kurz und unspektakulär.

Die gewissenhafte Planung und Vorbereitung vorausgesetzt, greifen am Tag X die einzelnen Tasks wie Zahnräder eines Uhrwerks ineinander.

Zur Beurkundung beim Notar werden die Gesellschafterliste und der Gesellschaftervertrag nochmals Wort für Wort vorgelesen. Sind die beteiligten Parteien mit den Inhalten einverstanden, werden die Unterschriften geleistet. Egal ob Ein-Personen-GmbH oder Gründerteam, der Ablauf für die Beurkundung ist identisch.

Mit den Urkunden wird anschließend das Firmenkonto bei der Bank eröffnet. Sobald das Konto aktiv ist, kann das bereitgehaltene Stammkapital (mindestens 12.500 €) eingezahlt werden. Dem Notar wird sogleich der Einzahlungsbeleg übergeben, damit er seinen Vorgang abschließen und die Unterlagen zur Eintragung an das Handelsregister übergeben kann.

▶ **Tipp** Mit guter Vorbereitung und optimierter Abarbeitung können Sie diesen Aufgabenblock noch vor dem Abendessen erledigen. Hier sollten Sie die Gelegenheit zu einem feierlichen Ausklang des Tages im Kreise der Gesellschafter und Familien nutzen, um auf das bisher Erreichte und den ersten großen Meilenstein anzustoßen.

Nun heißt es zunächst wieder geduldig zu sein, bis die Mahlwerke der Behörden verwendbare Ergebnisse liefern.

F. Wurster und K. Dallmeyer, *GmbH-Gründung für Ingenieure und Softwareentwickler*, essentials, DOI 10.1007/978-3-658-19345-4_2

Geduld bedeutet in diesem Zusammenhang aber keinesfalls Langeweile, denn während die Eintragung im Handelsregister hinterlegt wird, nehmen die Gründer bereits die Geschäftstätigkeit mit der rechtskräftig und voll geschäftsfähigen GmbH i. G. (GmbH in Gründung mit persönlicher Haftung der Gesellschafter) auf. Unter neuer GmbH-Flagge starten die Gründer nun in der realen Welt mit dem Marketing, der Akquise und der Produktion in der bereits vorbereiteten Infrastruktur.

▶ **Styleguide** Bis zur offiziellen Eintragung im Handelsregister haften die Gründer gesamtschuldnerisch für alle Rechtsgeschäfte, ähnlich wie bei einer Personengesellschaft. Erst ab dem Datum der Eintragung im Handelsregister haftet die dann als GmbH (ohne i. G.) zu bezeichnende Kapitalgesellschaft mit ihrem Eigenkapital.

Nun zeigt sich erstmalig im produktiven Einsatz, ob die ausgearbeiteten Prozesse belastbar sind und mit ihnen ein schneller Start in den unternehmerischen Alltag glückt. Wie bei einer vorbildlichen Inbetriebnahme und Produktionsbegleitung dürfen sich die Gründer für die hervorragende Entwicklungsarbeit dann auf die Schulter klopfen, wenn keine Änderungen oder lediglich kleine Optimierungen am System vorgenommen werden müssen.

▶ **Styleguide** Prozess- und Systemanpassungen nach dem Betriebsstart kosten nun Ihr Geld und Ihre Zeit. Gute Vorbereitung beugt Nacharbeiten vor und hilft, Stresssituationen in der Launch-Phase zu vermeiden.

▶ **Tipp** Fokussieren Sie sich nun auf kundenorientierte organisatorische und produktive Tätigkeiten, um Cash Flow zu generieren, sobald dies möglich ist. Optimieren/justieren Sie kleinere Systemanpassungen in den Nebenzeiten sofort, um einen kontinuierlichen Verbesserungsprozess zu etablieren. Notieren Sie Planungen für größere Infrastrukturmaßnahmen, um diese Aufgabenpakete gezielt in einem Sprint zwischen den produktiven Projekten abarbeiten zu können.

Interessantes aus dem GmbH-Alltag 3

3.1 Catch 22 – Henne-Ei-Probleme der Bürokratie

Das Stellen von Ausgangsrechnungen ist aufgrund fehlender Steuernummer noch nicht möglich.

Die Bundesagentur für Arbeit kann den Antrag zum Gründerzuschuss nicht bearbeiten, da die Unterlagen noch nicht vollständig sind.

Mit anderen Worten hängen die Gründer zu diesem Zeitpunkt monetär in der Luft, leben von den Reserven und hoffen auf eine schnelle Bearbeitung durch die Behörden. Allen benötigten Unterlagen geht nun die Eintragung in das Handelsregister beim zuständigen Registergericht voraus.

Je nach aktuellem Arbeitsaufkommen beträgt die Dauer für die Eintragung im Handelsregister eine bis sechs Wochen ab dem Zeitpunkt, an dem der Notar die Unterlagen einreicht. Bei Komplikationen können weitere wichtige Tage vergehen, bevor die Gründer die benötigten Dokumente in Händen halten.

Mit unserer Handelsregistereintragung (Dauer 14 Tage) lag das Registergericht Kiel somit besser als der deutschlandweite Durchschnitt – das Glück ist mit den Tüchtigen.

▶ **Styleguide** Eindeutige Kennzeichnung hilft Missverständnisse zu vermeiden. Nach Rückfrage beim Notar ist der häufigste Grund für Verzögerungen bei der Registereintragung der, dass Firmengründer versäumen, ihren Briefkasten mit dem Namen der neuen Firma zu versehen. Die Dokumente werden schlichtweg mit dem Postvermerk „Empfänger nicht zu ermitteln" wieder an das Registergericht zurückgesendet.

F. Wurster und K. Dallmeyer, *GmbH-Gründung für Ingenieure und Softwareentwickler*, essentials, DOI 10.1007/978-3-658-19345-4_3

Mit dem Handelsregistereintrag kann nun die Gewerbeanmeldung beim zuständigen Rathaus beantragt werden.

Die erste Herausforderung liegt hier bei den Öffnungszeiten und verfügbaren Terminen. In unserer Gemeinde sind die Sachbearbeiter sehr freundlich und auskunftsbereit. Über eine vorhergehende telefonische Anfrage beim Amt konnte geklärt werden, welche Unterlagen benötigt werden und wann ein günstiger Zeitpunkt zur Bearbeitung ist. Offensichtlich ist die GmbH-Anmeldung in unserer Region nicht alltäglich, weshalb wohl nicht alle Sachbearbeiter die Eingabemasken beherrschen. Die Terminanfrage vorab ist deshalb sinnvoll, um den richtigen Sachbearbeiter anzutreffen.

> **Tipp** Nehmen Sie für die Gewerbeanmeldung genügend Zeit mit. Lassen Sie sich nicht abwimmeln. Können Sie die Gewerbeanmeldung am selben Tag mitnehmen – auch wenn es etwas länger dauert, bis der Sachbearbeiter die Eingabe mit Unterstützung von Kollegen fertigstellt – sparen Sie Zeit und bauen auf der Aussage „wir senden Ihnen die Anmeldung in den kommenden Tagen zu" keine undefinierten Zwangspausen auf.

Mit der Handelsregistereintragung und dem Gewerbeschein im Gepäck kann nun der Steuerberater die Steuernummer beim zuständigen Finanzamt beantragen. Hierbei gibt der Steuerberater dem Finanzamt auch gleich die Firmengründung und Mandatsübernahme bekannt. Zu unserer Verwunderung ist das leider noch kein behördenübergreifender Automatismus. Bei der Zuweisung der Steuernummer beginnt nun wieder ein nebenläufiger Warteprozess.

Die Bundesagentur für Arbeit bekommt die zur Fertigstellung des Antrags auf Gründerzuschuss lang ersehnten noch fehlenden Dokumente zugesandt. Auch hier beginnt nun bis zur Bescheidung des Antrags ein – zugegebenermaßen nervenaufreibender – Warteprozess. Dieser endete bei uns glücklicherweise bereits drei Wochen nach Einreichung der letzten Unterlagen mit Gutschrift des ersten monatlichen Gründerzuschusses.

Fast gleichzeitig ging vom zuständigen Finanzamt die nun zugeteilte Steuernummer ein. Die Erstellung von Ausgangsrechnungen ist hiermit aber immer noch nicht möglich; es fehlt nämlich noch die sogenannte Umsatzsteuer-Identifikationsnummer (USt.-IdNr.), welche erst mit der neuen Steuernummer beantragt werden kann. Und wieder beginnt ein durchschnittlich zwei bis vier Wochen dauernder Warteprozess auf eine Nummer, welche die Gründer nicht nur zur Erstellung von Rechnungen benötigen. Platzhalter für die USt.-IdNr. werden zu diesem

Zeitpunkt auch beim Impressum der Homepage und bei Prototypen-Manufakturen des Briefpapiers gesetzt, welches im Arbeitsalltag bereits eingesetzt wird.

Wenn alles glatt läuft, sind somit rund zwei Monate nach der notariellen GmbH-Gründung die behördlichen Zwickmühlen gemeistert sowie die benötigten Dokumente und Nummern beschafft. Die GmbH kann nun die erste Rechnung schreiben und richtigen Cash Flow generieren.

▶ **Styleguide** Mit dem Notartermin ist die Firmengründung noch lange nicht abgeschlossen. Bis zur ersten Rechnung ist es ein langer Weg von mehreren Monaten. Und nicht vergessen: Mit Stellung der Rechnung ist diese noch lange nicht bezahlt.

▶ **Tipp** Planen Sie für diese Phase auch mit Worst-Case-Szenarien. Recherchieren Sie in Gründerforen, welche verrückten Zufälle und Gegebenheiten selbst die Worst-Case-Planungen übertrafen – nichts ist unmöglich. Seien Sie gefeit und gut vorbereitet.

3.2 Phishing – Trickbetrug und Scharlatane

Kein Tag ohne Betrugsversuche in Form von Phishing-Schreiben in Papierform. Die Daten der GmbH sind ab dem Zeitpunkt der Eintragung öffentlich.

Windige Geschäftemacher nutzen diese Daten, um an die neuen Firmierungen zwielichtige Schreiben zu versenden. Inhaltlich wird die Geschäftsleitung zu Zahlungen von Mitgliedsbeiträgen, Gebühren oder für Eintragung in kostenpflichtige Register aufgefordert.

Gefährlich an den Schreiben ist, dass die Aufmachung meist behördlich offiziell wirkt. Im Briefkopf sind beispielsweise halbe Bundesadler abgedruckt oder Namen in Anlehnung an staatliche Einrichtungen verwendet, was die Schreiben authentisch erscheinen lässt. Weiterhin treffen sie im gleichen Zeitraum wie richtige Gebührenbescheide ein – die Verwechslungsgefahr ist somit hoch.

Erst bei genauer Durchsicht fallen im „Kleingedruckten“ (meist Arial 5, hellgrau) Ungereimtheiten wie beispielsweise „Offerte, 23% Mehrwertsteuer“ oder eine polnische Kontoverbindung auf. Der Fokus liegt klar auf den Zahlungsaufforderungen (meist Arial 18 Fett) und Fristen (sofort oder 3 Tage nach Erhalt).

Sowohl im Gründerseminar als auch beim Notar werden Selbstständige auf diese Phishing-Schreiben ausdrücklich hingewiesen. Weiterhin sollte der für den Posteingang verantwortliche Mitarbeiter solche Schreiben sofort ausfiltern, bevor

Rechnungen zweifelhafter Herkunft beglichen werden. Trotzdem zeigen unsere Recherchen, dass es unzählige Foreneinträge und Strafanzeigen von offensichtlich geprellten Firmeninhabern gibt, welche dieser Betrugsmasche zum Opfer fielen.

Obwohl mit den Schreiben behördlicher Eindruck vorgegaukelt und über die Zahlungspflicht getäuscht wird, ist den dubiosen Urhebern der Phishing-Attacken anscheinend nicht beizukommen. In unserer Firma gingen in den ersten Wochen nach Gründung und Markeneintragung täglich derartige Schreiben ein. Oft sind die Hintermänner der Briefkastenfirmen identisch – wird eine Unternehmung des Betruges überführt und geschlossen, geht es unter neuem Namen mit gleicher Geschäftsstrategie weiter.

▶ **Styleguide** Vorsicht Abzocke! Aber auch hier gilt wieder der oberste Grundsatz des Styleguides aus dem ersten Kapitel: Fällt ein Selbstständiger auf die zweifelhaften Angebote und Rechnungen herein, haftet er selbst für sein Wirken.

▶ **Tipp** Prüfen Sie Zahlungsaufforderungen stets sorgfältig. Bei Zweifel recherchieren Sie im Internet nach behördlichen Warnungen oder fragen Sie Ihren Rechtsanwalt. Lassen Sie Ihren Rechtsanwalt die Stellung einer Strafanzeige gegen die Betrüger prüfen.

Bitte recherchieren Sie selbst bezüglich dieser Phishing-Schreiben. Bewusst vermeiden wir hier die Benennung der dubiosen Firmen oder Abbildung der irreführenden Schreiben. Besonders geschäftstüchtige Vertreter dieser Gruppe haben ihren Namen und ihre Logos nämlich markenrechtlich geschützt. In Foren liest man deshalb auch von engagierten Kritikern, welche zwar nicht auf das Phishing-Schreiben selbst hereinfielen, ihren Fingerzeig auf die Machenschaften anschließend aber mit einer strafbewehrten Abmahnung bezahlen mussten.

3.3 Multiple Personality – Interaktion mit sich selbst

Sind die Gründer gleichzeitig Gesellschafter und eingetragene Geschäftsführer, ergeben sich Situationen, bei denen es nicht nur hilfreich sondern sogar erforderlich ist, die „gespaltene Persönlichkeit“ voll auszuleben.

Aufgrund der Gefahr des Interessenkonflikts sind Insichgeschäfte, also Geschäfte, bei denen ein gesetzlicher Vertreter (Geschäftsführer) mit sich selbst als vertretenem Gesellschafter interagiert, grundsätzlich nicht zulässig. Dies regelt der § 181 des Bürgerlichen Gesetzbuches (BGB). Bei einem Verstoß gegen § 181 ist die Rechtsfolge die schwebende Unwirksamkeit des Rechtsgeschäftes. Das heißt, dass die Vertretenen das Rechtsgeschäft später noch genehmigen können.

Im Falle von Gesellschafter-Geschäftsführern in einer Person (Extremfall Ein-Personen-GmbH) ist die Selbstkontrahierung aber unvermeidbar; Rechtsgeschäfte mit anschließender Genehmigung unhandlich.

Deshalb besteht die Möglichkeit, im Gesellschaftervertrag einen Passus zur Befreiung von § 181 aufzunehmen und dem Gesellschafter-Geschäftsführer ausdrücklich die Selbstkontrahierung zu gestatten.

▶ **Styleguide** Die Gründer müssen sich immer darüber bewusst sein, ob ein Rechtsgeschäfts als Gesellschafter oder Geschäftsführer getätigt wird. Die Interessen von Gesellschaftern und Geschäftsführern sind nicht zwangsläufig gleich.

Bei der ersten Amtshandlung ist man sich als „gespaltene Persönlichkeit" noch eins: Der gründende Gesellschafter beruft sich selbst zum Geschäftsführer. Der Geschäftsführer nimmt das Amt an und unterzeichnet. Beide Unterschriften aus einer Hand – kein Problem dank Befreiung von § 181.

Spätesten beim Geld hört die sprichwörtliche Freundschaft aber auf und der Interessenskonflikt beginnt. Welcher Gehaltsrahmen ist gut für die Firma, aber gleichzeitig auch gut für sich selbst? Das kann der Gesellschafter-Geschäftsführer bei einem „Gehalts-Selbst-Gespräch" erörtern. Was sich zunächst einfacher und angenehmer anhört als eine Gehaltsverhandlung mit dem Ex-Chef, fordert auf den zweiten Blick sehr viel Disziplin. Bei Festsetzung des eigenen Gehalts ist man Chef und Angestellter in einer Person; beide Parteien wollen am Ende glücklich über das Ergebnis sein.

Zu beachten ist hier allerdings folgende Falle: Werden Geschäftsführer-Gehalt und -Tantiemen unangemessen festgesetzt, vermutet das Finanzamt versteckte Gewinnentnahme mit teuren Konsequenzen. Festgelegte Tantiemen müssen beispielsweise einen Monat nach Jahresabschluss ausbezahlt werden, da diese als Rückstellung im abgeschlossenen Kalenderjahr die Steuerlast minderten. Wird die Tantieme dann beispielsweise aufgrund eines Liquiditätsengpasses nicht ausgezahlt, vermutet das Finanzamt verdeckte Einlagen, mit ebenfalls unangenehmen Folgen.

▶ **Styleguide** Gehalt und Tantiemen müssen so gestaltet sein, dass sie angemessen sind und die Unternehmung die Belastung nachhaltig tragen kann. Häufige Gehaltsanpassungen sind zu vermeiden.

▶ **Tipp** Mit genehmigtem Gründerzuschuss können Sie die Firmenentwicklung zunächst mehrere Monate beobachten sowie anschließend angemessene Gehälter und Tantiemen festlegen. Tantiemen, Lohnsteuer und ggf. Kirchensteuer/Sozialabgaben müssen gezahlt werden. Ist die Firma nicht solvent, muss der Geschäftsführer rechtzeitig neues Kapital auftreiben oder im Worst-Case einen Insolvenzantrag stellen. Auch wenn ein „Gehalts-Selbst-Gespräch" oder ähnliche Rechtsgeschäfte mit Selbstkontrahierung witzig anmuten, bleiben Sie diszipliniert; spielen Sie das Spiel der „gespaltenen Persönlichkeit", die Hintergründe und Konsequenzen sind ernst. Fertigen Sie zur Wahrung der Transparenz Protokolle und Verträge an, welche Sie als Gesellschafter und als Geschäftsführer unterschreiben. Übergeben Sie diese Dokumente zur Verwahrung und zum Nachweis an Ihren Steuerberater.

3.4 Garbage in, garbage out – von nichts kommt nichts

Eine grundlegende Lebensweisheit für Selbstständige.

Start-ups müssen von Anfang an bei Marketing, Vertrieb, Projektierung und Reputation am Ball bleiben. Hierbei ist ein ausgewogenes Konzept gefragt, das den Gründern die Erbringung der Einzelaufgaben in Kontinuität und Gleichmäßigkeit erlaubt. Können nicht alle Bereiche bedient werden, wird es über kurz oder lang zu Mangelerscheinungen kommen. Ohne Vertrieb keine Aufträge, ohne Projekte kein Cash Flow usw..

Bei der Abarbeitung sollte keine Parallelisierung der Aufgabenblöcke, sondern ein regelmäßiger Taskswitch angestrebt werden, um mit dem Fokus auf eine Abarbeitung ein qualitativ hochwertiges Ergebnis zu generieren. Besser eine Sache gut fertigstellen, als mehrere Dinge gleichzeitig anfangen und sich verzetteln.

Kann ein Task aufgrund fehlender Informationen nicht weiter bearbeitet werden, ist sofort in den nächsten Task zu schalten. Um den Überblick zu behalten, können offene Punkte in einer Liste gesammelt und zu sinnvollen Arbeitspaketen gebündelt werden.

Egal wie groß der Aufgabenberg ist, jeder Schritt Richtung Gipfel bringt einen näher zu diesem, als stehen zu bleiben und über die Größe des Berges zu grübeln.

▶ **Styleguide** Von nichts kommt nichts!

▶ **Tipp** Auch Urlaub oder Freizeit sind Tasks, die Sie regelmäßig dazwischen schalten sollten. Urlaub ist wertvoll! Kreative Ideen werden meist in diesen Zeiträumen der Entspannung und Abwechslung ersonnen.

Nutzen Sie Wartezeiten für Verbesserungsprozesse oder zur Abarbeitung lästiger Nebentasks.

Planen Sie Ihr 5-Jahres-Konzept mit erreichbaren Meilensteinen und ohne Lücken.

3.5 Branding – erfolgreich mit der eigenen Marke

Mit „Marke" werden üblicherweise Produkte im Konsumentenmarkt verbunden. Doch auch im B2B-Umfeld (Business to Business) ist es lohnenswert, das Unternehmen als Marke zu etablieren. Eine erfolgreiche Marke schafft Wiedererkennungswert und bietet Kunden bei der Kaufentscheidung eine Orientierungshilfe. Durch Kopplung des Unternehmens an eine Textur oder ein Logo mit Wiedererkennungswert etabliert sich Markentreue für die hervorragenden Produkte und Leistungen des Unternehmens. Wie auch im Konsumentenmarkt greifen Kunden gerne wieder auf bewährte Marken zurück, da diese gewohnte Sicherheit versprechen. Die Sicherheit für das Unternehmen mit eingetragener Marke ist wiederum, dass andere nicht mit gleichem Branding auf dem Markt auftreten dürfen.

Die organisatorischen und finanziellen Hürden für die Markeneintragung in Deutschland sind zunächst überschaubar. Wurde das einzigartige Logo bereits in der Vorbereitungsphase finalisiert, muss es nur noch in den vom Deutschen Patent- und Markenamt gewünschten Formfaktor gebracht werden. Weiterhin wird mittels Leistungskatalog festgelegt, für welche Bereiche die Marke geschützt werden soll (Stichwort Nizza Klassen). Bevor der Antrag zur Markenanmeldung eingereicht wird, klärt der Rechtsanwalt mittels gründlicher Markenrecherche (zum Beispiel im DPMAregister), ob es bereits ähnliche Wort-Bild-Marken gibt, mit denen eine Verwechslungsgefahr besteht oder deren eingetragene Rechte verletzt werden.

Gibt es keine Kollisionen, wird die Markenanmeldung eingereicht. Die aktuelle Gebührenordnung zur Eintragung des Markenschutzes erfährt der interessierte Unternehmer bereits auf der ersten Trefferseite von Google. Hinzu kommen erfahrungsgemäß Kosten für Rechtsanwalt und Bilddatenaufbereitung – je nach Aufwand in doppelter bis fünffacher Höhe.

▶ Achtung: Wie bei der Eintragung ins Handelsregister werden auch nach Markeneintragung täuschend echte Phishing-Anschreiben versendet (siehe Abschn. 3.2). Besonders heimtückisch ist hier das Timing der Schreiben. Sie gehen nahezu zeitgleich mit dem regulären Gebührenbescheid ein.

Die Eintragung der Marke erfolgt in mehreren Schritten. Wie üblich bei offiziellen Abläufen geht jeder Schritt mit quälend langen Wartezeiten einher. Bei einer reibungslosen Eintragung vergehen rund zwei bis drei Monate, bis man die amtliche Urkunde in Händen hält.

An und für sich sind die Wartezeiten nachvollziehbar. Der Antrag muss geprüft und in das Zentralregister aufgenommen werden, er muss veröffentlicht und bekannt gemacht werden. Die alteingesessenen Markeninhaber sollen in einem adäquaten Zeitrahmen die Möglichkeit haben, die neue Marke zu prüfen und gegebenenfalls Widerspruch einzulegen.

Leider ist gängige Praxis der Abmahner, ihren Widerspruch nur wenige Tage vor Ablauf der Widerspruchsfrist abzugeben. Hiermit soll der Druck auf die Markenneuanmelder erhöht werden, was gut zu funktionieren scheint. So ist es erfahrungsgemäß äußerst ernüchternd, wenn nach fast einem Monat Warten ohne Widersprüche – die Eintragung schon zum Greifen nahe – an den letzten Tagen vor Fristablauf plötzlich die Abmahnschreiben aufschlagen. Hat man die ersten juristischen Phrasen und Drohgebärden mancher Schreiben erst mal verdaut, stellt man sich nach weiterer Lektüre mitunter zwangsläufig die Frage, ob die Urheber der Abmahnung zum Zeitpunkt der Niederschrift plötzlicher geistiger Umnachtung, Farbenblindheit oder temporärer Dyslexie zum Opfer fielen.

Natürlich ist der Markenneuanmelder so kurz vor dem Ziel gewillt, eine gerichtliche Auseinandersetzung mit unkalkulierbaren Folgen zu vermeiden. Ist die Abmahnung allerdings an den Haaren herbeigezogen, empfiehlt es sich, die Forderungen genauestens zu differenzieren und gegebenenfalls nur auf Teilforderungen einzugehen. Wird beispielsweise die Löschung einer kompletten Nizza-Klasse gefordert, kann zunächst die Löschung von Einzelpunkten aus der entsprechenden Klasse vorgeschlagen werden. Erfahrungsgemäß reicht es aus, der abmahnenden Partei in den Kernforderungen entgegenzukommen. Keinesfalls empfiehlt es sich angesichts der kurzen Fristen voreilig zu handeln. Für eine Rücksprache mit dem Rechtsbeistand muss immer Zeit sein. Auch für diese unerfreulichen Aufwände sind selbstverständlich Geldmittel einzuplanen.

Kollidieren die Kernforderungen des Abmahners mit den Interessen des Markenneuanmelders, ist das ein guter Indikator, nochmals über die eigene Markenanmeldung zu reflektieren. Ist die Abmahnung berechtigt, lohnt ein teurer Rechtsstreit mit wenig Aussicht auf Erfolg sicherlich nicht. Wurde die Markenrecherche gewissenhaft ausgeführt, besteht nach Auffassung von Experten keine

Kollision oder Verwechslungsgefahr; ist ein Rechtsstreit nicht existenzgefährdend und besteht Aussicht, die streitige Auseinandersetzung zu gewinnen, sollte den Abmahnern Paroli geboten werden. Auch hier ist der Selbstständige für seine Handeln und die Folgen selbst verantwortlich.

Mit guter Vorbereitung und gebotener Kompromissbereitschaft ist die Markeneintragung aber wahrscheinlich. Erstrebenswerter Lohn ist nicht nur die amtliche Urkunde – in unserem Fall der Bundesrepublik Deutschland mit Bundesadler – sondern auch das eigene Branding, auf welches man zu Recht stolz sein darf.

Styleguide Die eingetragene Marke ist nicht nur Schutz und Wiedererkennung, sondern auch Image. Das Aushängeschild der erfolgreichen Unternehmung. Die Art und Region der Eintragung richtet sich nach dem Produkt. Je breitgefächerter und großräumiger der Schutz etabliert wird, desto größer sind die Aufwände und Kosten für die Eintragung sowie für die spätere Überwachung. Das Branding ist durchgängig im kompletten Firmen Corporate Identity einzusetzen.

Tipp Leben Sie Ihre Marke – es lohnt sich und macht Spaß.

Verbinden Sie Ihre Marke mit bedingungslos hervorragenden Leistungen, sodass Ihre Kunden zu Markenfans werden.

Abb. 3.1 zeigt Beispiele wie Marke und CI appliziert werden können.

Abb. 3.1 Marke leben. (Vikings Software GmbH)

3.6 Annual balance – Ende ohne Schrecken

In der GmbH wird bilanziert. Das heißt, innerhalb gewisser Gewinnermittlungszeiträume (zum Beispiel monatlich oder jährlich) beziehungsweise zu bestimmten Zeitpunkten (beispielsweise zur Unternehmensgründung oder am Anfang/ Ende eines Wirtschaftsjahres) erstellt der Steuerberater die Übersicht zu Einnahmen und Ausgaben der Geschäftstätigkeit. Die Abschlüsse sind deshalb erwähnenswert, weil sie den verantwortlichen Personen Einblicke in die finanzielle Lage der Firma an genau definierten Meilensteinen (Bilanzstichtagen) bieten. Weiterhin kosten die Dienstleistungen des Steuerberaters selbstverständlich Geld und sollten deshalb als Kostenblock bei der Planung nicht außer Acht gelassen werden. Die Kosten für eine Eröffnungsbilanz fallen beispielsweise unmittelbar nach GmbH-Gründung an.

Je nachdem zu welchem Zeitpunkt im Jahr die GmbH gegründet wird und wie das Wirtschaftsjahr (auch Geschäfts- oder Fiskaljahr) festgelegt ist, kann die erste Jahresbilanz in kurzem Abstand folgen. Wird die GmbH beispielsweise im November gegründet und entspricht das Fiskaljahr dem Kalenderjahr, ist das sogenannte Rumpf- oder Gründungsjahr bis zum ersten Jahresabschluss nur zwei Monate lang. Wie im ersten Teil des Buches beschrieben, hat das Unternehmen in diesem Zeitraum aufgrund fehlender USt.-IdNr. vermutlich noch nicht einmal eine Ausgangsrechnung erstellt. Auf den ersten Blick mag es daher wenig sinnvoll erscheinen, einen größeren Geldbetrag in einen Jahresabschluss zu investieren, welcher nur einen Zeitraum von weniger als zwölf Monaten abdeckt. Soll das Wirtschaftsjahr an das Kalenderjahr angepasst werden, ist ein kürzeres Rumpfgeschäftsjahr allerdings nicht zu vermeiden.

Prinzipiell kann ein Geschäftsjahr vom kalendarischen Jahr getrennt und von den Gründern selbst festgelegt werden. Hierzu ist eine entsprechende Satzung im Gesellschaftervertrag aufzunehmen. Gesetzlich vorgeschrieben ist, dass zwischen Eröffnungsbilanz und Bilanzstichtag (außer beim Sonderfall Rumpfgeschäftsjahr) zwölf Monate liegen müssen. Unternehmen mit saisontypischen Spitzen ist es mit abweichendem Wirtschaftsjahr möglich, beispielsweise die Entwicklung bilanziell besser zu erfassen. Die Bilanzstichtage orientieren sich hier meist an den Umsatzschwerpunkten im Jahr.

Ist die Festlegung eines abweichenden Geschäftsjahres sinnvoll? – It depends!

Es gibt Unternehmungen, bei welchen die Verschiebung des Jahresabschlusses auf mitbewerbertypische Stichtage schon deshalb von Vorteil ist, um vergleichbar mit diesen zu sein. Zinseffekte können bei abweichenden Wirtschaftsjahren genauso eine Rolle spielen wie Dienstleisterkosten. Nachträgliche Änderungen benötigen organisatorische Ressourcen und sind im Falle einer Änderung hin zu einem abweichenden Wirtschaftsjahr sogar vom Finanzamt genehmigungspflichtig.

Selbstverständlich fallen für die Dienstleistungen zur Erstellung der Abschlüsse Kosten an. Diese und gegebenenfalls an Jahresabschlüsse gekoppelte Tantiemen und Steuern haben in der Regel signifikante Einflüsse auf die Liquidität des Unternehmens. Tantiemen müssen beispielsweise kurzfristig nach dem Abschluss ausgezahlt werden, um nicht als versteckte Gewinnausschüttung zu gelten. Deshalb kann das Unternehmensbild unter Umständen mit Wahl eines abweichenden Wirtschaftsjahres für außenstehende Bilanzleser verbessert werden (Stichwort Window Dressing).

▶ **Styleguide** Ein kalendarisches Wirtschaftsjahr ist Standard. Dieses ist indiziert, wenn bilanzpolitische Maßnahmen nicht erforderlich beziehungsweise abweichende Wirtschaftsjahre nicht branchenüblich sind.

▶ **Tipp** Informieren Sie sich für Ihre Finanzplanung über die Kosten der Abschlüsse und lassen Sie sich von Ihrem Steuerberater über die Mechanismen von Tantiemen und Steuer(voraus)zahlungen beraten, um sie und ihre Auswirkungen auf die Liquidität möglichst präzise in der Finanzplanung zu erfassen.

Recherchieren Sie im Branchenumfeld, ob abweichende Wirtschaftsjahre gängig sind. Prüfen Sie, welche Faktoren Einfluss auf die Wahl Ihres Wirtschaftsjahres haben. Lassen Sie sich von Ihrem Steuerberater abschließend zu den Vor- und Nachteilen Ihrer Wahl genau beraten.

Sollten Sie sich im Gesellschafterkreis zu einem späteren Zeitpunkt für die Änderung des Wirtschaftsjahres entscheiden, planen Sie die Umstellung frühzeitig und in enger Zusammenarbeit mit Ihrem Steuerberater und Ihrem Notar, um die Bilanzkontinuität sicherzustellen und die erforderliche Handelsregistereintragung rechtzeitig zu erhalten.

Nachwort und Danksagung

4

4.1 Long term solution – Erfolg mit Nachhaltigkeit

Der Langzeittest wird zeigen, ob das beschriebene Framework die Anforderungen erfüllt.

In jedem Fall ist die GmbH skalierbar und flexibel genug, damit die tägliche Arbeit mit der Struktur Freude bereitet und Erweiterungen leicht integriert werden können.

Sowohl bei der GmbH-Gründung als auch bei der Softwareentwicklung sind eine gute Vorbereitung und die Wahl der geeigneten Architektur der Schlüssel zu einer erfolgreichen Projektierung.

Die GmbH ist das Werkzeug zur Realisierung der eigenen Ideen.

> ▶ **Styleguide** A fool with a tool is still a fool!
>
> Deshalb muss der Gebrauch eines Werkzeuges gut erlernt sein. Ist diese Voraussetzung allerdings erfüllt, gilt auch hier das LabVIEW-Motto: „It's OK to have fun!"

Wir bedanken uns an dieser Stelle nochmals von ganzem Herzen bei unseren Familien für die Liebe, Toleranz und Nachsicht. Vielen Dank, dass wir unseren Traum der Selbstständigkeit leben dürfen, Ihr uns hierbei unterstützt und mit uns zusammen den anspruchsvollen Weg geht! Eure Kraft beflügelt unsere Ideen, um Großartiges zu leisten. Stets bleibt in Erinnerung, wessen Reise viel zu früh beendet war. Spuren Deines Lebens haben unseren Weg mit geprägt. Deshalb bist Du immer da, wo wir sind.

F. Wurster und K. Dallmeyer, *GmbH-Gründung für Ingenieure und Softwareentwickler*, essentials, DOI 10.1007/978-3-658-19345-4_4

Was Sie aus diesem essential mitnehmen können

- Einen erfahrungsreichen und praxisnahen Überblick zur GmbH-Gründung
- Vor- und Nachteile einer Selbstständigkeit und des Angestelltendaseins
- Bootstrapping Konzepte und Eindrücke
- Nützliche Hinweise für das angehende GmbH-Startup

F. Wurster und K. Dallmeyer, *GmbH-Gründung für Ingenieure und Softwareentwickler*, essentials, DOI 10.1007/978-3-658-19345-4

Literatur und Links

1. https://www.fuer-gruender.de/wissen/unternehmen-gruenden/firma-gruenden
2. https://www.gmbh-guide.de/pdf/checkliste-gmbh-gruendung.pdf
3. http://www.grow-business.de/existenzgruendung/foerderung-gruendercoaching
4. https://www.gmbh-guide.de/gruendung/gesellschaftsvertrag.html
5. http://germany.ni.com/alliance
6. https://partner.microsoft.com/de-de/membership
7. https://www.kfw.de/inlandsfoerderung/Unternehmen/Gründen-Erweitern/Produktfinder/
8. https://www.arbeitsagentur.de/web/content/DE/BuergerinnenUndBuerger/Arbeitund-Beruf/Existenzgruendung/FinanzielleHilfen/index.htm
9. https://www.fuer-gruender.de/kapital/foerdermittel/
10. http://www.science4life.de/
11. https://register.dpma.de/DPMAregister/marke/einsteiger

Copyright Hinweise

LabVIEW™ ist Trademark von National Instruments
.NET™ ist Trademark von Microsoft

F. Wurster und K. Dallmeyer, *GmbH-Gründung für Ingenieure und Softwareentwickler*, essentials, DOI 10.1007/978-3-658-19345-4